TÄIELIK IIRIS KOKARAAMAT

Ahvatlege end 100 ahvatleva võise õndsusega

Kristi Lepp

Autoriõigus materjal ©2024

Kõik õigused kaitstud

Ühtegi selle raamatu osa ei tohi mingil kujul ega vahenditega kasutada ega edastada ilma kirjastaja ja autoriõiguse omaniku nõuetekohase kirjaliku nõusolekuta, välja arvatud ülevaates kasutatud lühikesed tsitaadid. Seda raamatut ei tohiks pidada meditsiiniliste, juriidiliste või muude professionaalsete nõuannete asendajaks.

SISUKORD

SISUKORD 3
SISSEJUHATUS 6
HOMMIKUSÖÖK 7
   1. BANOFFEE CRUFFIN S 8
   2. BANAANILEIB IIRISE JA PUISTAGA 11
   3. VIRSIKU-IIRISE KOOGID 13
   4. BANOFFEE VAHVEL 15
   5. KÄRG - IIRISE LEIB 17
   6. TOFFEE KANEELIRULLID 19
   7. IIRISE ÕUNAMUFFINID 21
   8. TOFFEE PETIPIIMA PANNKOOGID 23
   9. TOFFEE KANEELI KAERAHELBED 25
   10. TOFFEE PRANTSUSE RÖSTSAI 27
   11. IIRISEJOGURTI PARFEE 29
   12. IIRISE BANAANIPANNKOOGID 31
   13. IIRISE HOMMIKUSÖÖK QUESADILLAS 33
   14. IIRISE B PIIMAGA MUFFINID 35
   15. TOFFEE KARAMELLI KAERAHELBED 37
   16. IIRISE MANDLI GRANOLA 39
   17. IIRISE BANAANILEIVA MUFFINID 41
   18. TOFFEE APPLE BREAKFAST COBBLER 43
SUUPSED JA KOMMID 45
   19. ŠOKOLAAD- IIRISE KREEKERI KRÕMPS 46
   20. KARAMELLI PÄHKLIBATOONID 48
   21. TOFFEE KAŠUPÄHKLI AARDED 50
   22. IIRISE TERAVILJABATOONID 52
   23. TOBLERONE IIRISEBATOONID 54
   24. MANDLI-IIRISE POPKORN 56
   25. HERSHEY IIRISEBATOONID 58
   26. BANOFFEE KÜPSISED ESPRESSO TILGUTUSEGA 60
   27. BANOFFEE PIRUKAD 63
   28. CHOC BANOFFEE FILO STACK 65
   29. BANOFFEE TARTLETID 67
   30. BANOFFEE KOOGIKESI 70
   31. KÜLMUTATUD BANOFFEE MAIUSED 73
   32. BANOFFEE DIP GRAHAMI KREEKERITEGA 75
   33. BANOFFEE ENERGY BITES 77
   34. BANOFFEE POPKORNI SEGU 79
   35. BANOFFEE BRUSCHETTA BITES 81
   36. BANOFFEE GRANOLA BAARID 83

37. Banoffee S'mores Bites 85
38. Banoffee juustukoogibatoonid 87
39. CandiQuik Cowboy Bark 89
40. Šokolaadi-iiris 91
41. Kaneeli-iirisebatoonid 93
42. Inglise pubi iiris 95
43. Suhkrustatud peekoni-iirise ruudud 97
44. Toffee kringli vardad 99

MAGUSTOIT 101

45. Kleepuv iirisepuding rummikaramellkastmega 102
46. Niiske kleepuv iiris tagurpidi banaanikook 105
47. Kleepuva iirise maitsestatud õunapuding 108
48. Karamelli- ja iirisejäätis 111
49. Lemon Ice Brûlée iirisega 114
50. Toffee trühvlid 116
51. Miso-karamellipirni kleepuvad iirisekoogid 118
52. Šokolaadi -Mocha iirisküpsised 121
53. Iirise mokapirukas 124
54. Pot de Crème roosi ja pistaatsia iirise tükkidega 127
55. Banoffee kook 130
56. No-Bake Vodka Toffe Apple C juusukook 133
57. Toffee Poke kook 136
58. Küpsetamatud Banoffee tartletid 138
59. Banoffee Ice Cream Sundae 141
60. Brownie Toffee pisiasi 143
61. Pähkline Banoffee Bundt kook 145
62. Toffee Crunch Éclairs 147
63. Iirise maapähklivõi küpsised 150
64. Inglise Toffee 152
65. Iirise koorepirukas 154
66. Toffee fondüü 156
67. Espresso-iirise krömps Semifreddo 158
68. Kohvi-iirise parfeed 160
69. Iirise leivapuding 162
70. Toffee-juustukoogibatoonid 164
71. Toffee Apple Crisp 166
72. Toffee Banana Split 168
73. Toffee pekanipähkli pirukas 170

MAITSED 172

74. Iirisevõi 173
75. Iirise vanilje glasuur 175
76. Toffee kaste 177
77. Toffee vahukoor 179

78. Toffee toorjuustumääre 181
79. Iirise infundeeritud mesi 183
80. Iirise glasuur 185
81. Toffee siirup 187
82. Iirise kreem 189
83. Iirise pannkoogikaste 191

JOOGID 193

84. Toffee Milkshake 194
85. Iirise jäätee 196
86. Banoffee Frappuccino 198
87. Banoffee kohvismuuti 200
88. Banoffee valgu smuuti 202
89. Banoffee Blitz kokteil 204
90. Odravein ja iiris 206
91. Crème Brûlée Boba tee iirisega 208
92. Toffee Nut Latte 211
93. Toffee vene 213
94. Banoffee Pie Martini 215
95. Banoffee vanamoodne 217
96. Banoffee piimakokteil 219
97. Banoffee pirukakokteil 221
98. Banoffee pirukas Frappe 223
99. Banoffee kuum šokolaad 225
100. Banoffee Colada 227

KOKKUVÕTE 229

SISSEJUHATUS

Tere tulemast raamatusse "TÄIELIK IIRIS KOKARAAMAT", mis on suurepärane teekond võise õndsuse ja vastupandamatu magususe maailma. Rikkaliku karamellimaitse ja rahuldava krõmpsuga iiris on olnud põlvkondade jooksul armastatud maiuspala, mida on hellitatud selle järeleandliku maitse ja lohutava soojuse pärast. Selles kokaraamatus kutsume teid uurima iirise lõputuid võimalusi 100 ahvatleva maiusega, mis kindlasti rõõmustavad teie maitsemeeli ja rahuldavad teie isu.

Toffee on kondiitritoodete klassika, mis on ajaproovile vastu pidanud, ületades oma ajatu veetlusega põlvkondi ja kultuure. Olenemata sellest, kas seda nauditakse eraldiseisva kommidena, küpsetistesse lisatuna või magustoitude kattena, on iirisel võimalus lisada igale kulinaarsele loomingule luksust.

Selles retseptikogus uurime iirise valmistamise kunsti nullist, alates traditsioonilistest retseptidest, mis on läbi aegade edasi antud, kuni uuenduslike keerdkäikudeni, mis nihutavad maitse ja loovuse piire. Olenemata sellest, kas olete kogenud kommivalmistaja või köögis algaja, on iga retsept mõeldud ligipääsetavaks, hõlpsasti järgitavaks ja muljet avaldama. Kuid "TÄIELIK IIRIS KOKARAAMAT" on midagi enamat kui lihtsalt retseptide kogum – see on mõnulemise, dekadentsi ja hea toidu lihtsate naudingute tähistamine. Ükskõik, kas kostitate end magusa suupistega, jagate omatehtud maiustusi lähedastega või valmistate erilistel puhkudel meeldejäävaid magustoite, iirises on igasse hetke rõõmu ja mugavust pakkuv viis.

Nii et olenemata sellest, kas ihaldate klassikalist iirisebatooni, võist iirisekastet või dekadentlikku iirisega magustoitu, olgu "TÄIELIK IIRIS KOKARAAMAT" teie teejuht võise õndsuse juurde. Alates esimesest suussulavast suutäiest kuni karamelliseeritud headuse viimase püsiva maitseni ahvatleb iga retsept teid oma vastupandamatu veetlusega ja jätku ihale rohkem.

HOMMIKUSÖÖK

1. Banoffee Cruffins

KOOSTISOSAD:
CRUFFIN-TAIGNA JAOKS:
- 1 purk sarvesaia tainast (saadaval külmkapis)
- 2 spl soolata võid, sulatatud
- ¼ tassi pruuni suhkrut
- 1 tl jahvatatud kaneeli
- 1 küps banaan õhukesteks viiludeks
- ¼ tassi iirisekastet või karamellkastet

KATTEKS:
- ½ tassi rasket koort
- 1 spl tuhksuhkrut
- ½ tl vaniljeekstrakti
- 1 väike banaan, viilutatud
- Purustatud iirisetükid (valikuline)

JUHISED:
a) Kuumuta oma ahi vastavalt sarvesaia taigna pakendi juhistele.
b) Ava sarvesaia taigna purk ja rulli lahti. Eraldage kolmnurgad.
c) Sega väikeses kausis fariinsuhkur ja jahvatatud kaneel.
d) Pintselda iga sarvesaia kolmnurk sulavõiga, seejärel puista neile ohtralt pruuni suhkru ja kaneeli segu.
e) Aseta iga sarvesaia kolmnurga laiemasse otsa paar viilu küpset banaani, seejärel nirista banaaniviiludele veidi iirist või karamellkastet.
f) Rulli iga sarvesaia kolmnurk laiast otsast kuni tipuni kokku, moodustades poolkuu kuju. Veenduge, et banaani- ja iirisekaste oleks kindlalt sees.
g) Määri muffinivorm mittenakkuva sprei või võiga.
h) Asetage iga täidetud sarvesaia ühte muffinitopsi, veendudes, et ots jääb allapoole, et see lahti ei rulluks.
i) Küpseta eelkuumutatud ahjus sarvesaia taigna pakendi juhiste järgi, tavaliselt kuni need on kuldpruunid ja paisunud.
j) Kuni krõbinad küpsevad, valmista kate. Vahusta vahukoor segamisnõus, kuni see pakseneb. Lisa tuhksuhkur ja vaniljeekstrakt ning jätka vahustamist, kuni moodustuvad tugevad piigid.
k) Kui cruffinid on küpsetatud, laske neil mõni minut muffinivormis jahtuda, seejärel tõstke need restile täielikult jahtuma.
l) Kui krõbinad on jahtunud, valage toru või lusikaga iga krõbina peale vahukoort.
m) Soovi korral kaunista täiendavate banaaniviilude ja purustatud iirisetükkidega.
n) Serveeri oma maitsvad Banoffee Cruffins ja naudi!

2.Banaanileib iirise ja puistaga

KOOSTISOSAD:
- 1 pulk sulatatud võid
- ½ tassi granuleeritud suhkrut
- ½ tassi pakitud pruuni suhkrut
- 1 supilusikatäis vaniljeekstrakti
- 2 muna
- 2 tassi universaalset jahu
- 1 tl söögisoodat
- ½ tl soola
- 1 (5 untsi) konteiner kreeka jogurtit
- 3 väga küpset banaani
- 1 tass iirisetükke
- ½ tassi värvilisi puisteid
- Küpsetusrežiim: vältige ekraani pimedaks minemist

JUHISED:

a) Kuumuta ahi temperatuurini 350 °F ja määri 9x5 leivavorm ohtralt rasvainega.

b) Alustage või sulatamisest. Kombineerige avaras kausis sulatatud või, granuleeritud suhkur ja pakitud pruun suhkur. Lisa vaniljeekstrakt ja munad, sega, kuni need on lihtsalt segunenud.

c) Eraldi väikeses kausis vahustage kokku universaalne jahu, söögisooda ja sool. Lisage need kuivad koostisosad järk-järgult märjale segule, segades, kuni need on lihtsalt segunenud.

d) Sega õrnalt sisse küpsed banaanid, kreeka jogurt, iirisetükid ja ¼ tassi värvilisi puisteid. Vala tainas ettevalmistatud leivavormi ja puista peale ülejäänud puistad.

e) Küpseta 55–65 minutit või kuni keskele torgatud hambaork tuleb puhtana välja. Nautige!

3.Virsiku-iirise koogid

KOOSTISOSAD:
- 2 tassi universaalset jahu
- 1/4 tassi granuleeritud suhkrut
- 1 spl küpsetuspulbrit
- 1/2 teelusikatäit soola
- 1/2 tassi soolata võid, külm ja kuubikuteks lõigatud
- 3/4 tassi petipiima
- 1 tl vaniljeekstrakti
- 2 tassi viilutatud virsikuid
- Toffee kaste
- Vahukoor, serveerimiseks

JUHISED:
a) Kuumuta ahi temperatuurini 425 °F (220 °C).
b) Vahusta suures kausis jahu, suhkur, küpsetuspulber ja sool.
c) Lisa kuivainetele külm tükeldatud või. Lõika või kondiitrilõikuri või sõrmede abil jahusegusse, kuni see meenutab jämedat puru.
d) Tee segu keskele süvend ning vala sinna petipiim ja vanilliekstrakt. Sega, kuni see on lihtsalt segunenud.
e) Tõsta tainas jahusel pinnale ja sõtku seda õrnalt paar korda, kuni see kokku tuleb.
f) Patsutage tainas 1-tollise paksusega ringiks ja lõigake küpsiselõikuri abil välja koogid.
g) Aseta koogid küpsetuspaberiga kaetud ahjuplaadile.
h) Küpseta 12-15 minutit või kuni kuldpruunini.
i) Eemaldage ahjust ja laske neil veidi jahtuda.
j) Lõika koogid horisontaalselt pooleks. Täida need viilutatud virsikutega. Nirista virsikutele iirisekaste.
k) Tõsta peale vahukoor ja aseta peale teine pool kooki.
l) Nirista kokkupandud kookidele veel iirisekastet.
m) Serveeri ja naudi!

4. Banoffee vahvel

KOOSTISOSAD:
- 2 banaani
- 25 g soolamata võid
- 30 g pruuni suhkrut
- 2 Belgia vahvlit
- 1 lusikas Banoffee Crunch jäätist
- 1 lusikas iirise-fudge jäätist
- 15 g vahukoort
- 20 g dulce de leche
- 15 g šokolaadikastet
- 2 Cadbury baari
- 3 Värsked maasikad

JUHISED:
BANAANID:
a) Koori ja viiluta banaanid.
b) Sulata pannil keskmisel kuumusel soolata või.
c) Lisage pruun suhkur sulavõile ja segage, kuni suhkur lahustub.
d) Lisa pannile banaaniviilud ja küpseta, kuni need on karamelliseerunud, aeg-ajalt keerates. Selleks peaks kuluma umbes 3-5 minutit. Kõrvale panema.

VAHvlid:
e) Rösti Belgia vahvleid vastavalt pakendi juhistele või kuni need on kuldpruunid ja krõbedad.
f) Aseta üks röstitud vahvel serveerimistaldrikule.
g) Laota vahvlile kiht karamelliseeritud banaane.
h) Asetage karamelliseeritud banaanide peale lusikas Banoffee krõmpsuvat jäätist ja lusikatäis iirise fudge jäätist.
i) Nirista jäätisele vahukoort.
j) Nirista vahukoorele dulce de leche ja šokolaadikaste.
k) Lõika Cadbury batoonid väikesteks tükkideks ja puista need vahvlile.

MAASIKAD:
l) Pese ja viiluta värsked maasikad.
m) Aseta vahvli peale maasikaviilud.
n) Serveeri Banoffee vahvlit kohe, kui vahvel on veel soe ja jäätis kergelt sulanud.

5.Kärg - iirise leib

KOOSTISOSAD:
- 3 tassi universaalset jahu
- 2 tl aktiivset kuivpärmi
- 1 tl soola
- 2 supilusikatäit mett
- 1 tass sooja vett
- ¼ tassi sulatatud võid
- ½ tassi purustatud kärg-iirist (valikuline)

JUHISED:
a) Segage suures segamiskausis jahu, pärm ja sool.
b) Eraldi kausis segage mesi ja soe vesi, kuni mesi lahustub.
c) Vala mee-vee segu jahusegu hulka ja sega korralikult taignaks.
d) Sõtku tainast kergelt jahusel pinnal umbes 5-7 minutit, kuni tainas on ühtlane ja elastne.
e) Tõsta tainas rasvainega määritud kaussi, kata puhta köögirätikuga ja lase soojas kohas kerkida umbes 1 tund või kuni kahekordistub.
f) Kuumuta ahi temperatuurini 375 ° F (190 ° C).
g) Punni kerkinud tainas alla ja vormi sellest päts.
h) Aseta päts võiga määritud leivavormi ja pintselda pealt sulavõiga.
i) Puista pätsi ülaosale purustatud kärje-iiris, vajutades seda kergelt tainasse.
j) Küpseta leiba eelsoojendatud ahjus 25-30 minutit või kuni see on kuldpruun.
k) Võta leib ahjust välja ja lase restil jahtuda enne viilutamist ja serveerimist.

6. Toffee kaneelirullid

KOOSTISOSAD:
- 1 pakk (8 untsi) jahutatud poolkuu rullid
- 1/4 tassi iirisetükke
- 2 spl võid, sulatatud
- 1/4 tassi pruuni suhkrut
- 1 tl jahvatatud kaneeli

JUHISED:

a) Kuumuta ahi temperatuurini 375 °F (190 °C) ja määri küpsetusnõu rasvaga.

b) Rulli poolkuu rullitainas puhtale pinnale lahti ja eralda kolmnurkadeks.

c) Sega väikeses kausis kokku iirisetükid, sulatatud või, fariinsuhkur ja kaneel.

d) Määri iirisegu ühtlaselt igale taignakolmnurgale.

e) Rulli kõik kolmnurgad, alustades laiast otsast, rulli ja asetage need ettevalmistatud ahjuvormi.

f) Küpseta 12-15 minutit või kuni kuldpruunini.

g) Serveeri soojalt ja naudi hommikusöögiks neid libedaid toffee kaneelirulle!

7.Iirise õunamuffinid

KOOSTISOSAD:
- 2 tassi universaalset jahu
- 1/2 tassi granuleeritud suhkrut
- 1 spl küpsetuspulbrit
- 1/2 teelusikatäit soola
- 1/2 tassi soolata võid, sulatatud
- 2 suurt muna
- 1 tass piima
- 1 tl vaniljeekstrakti
- 1 tass tükeldatud õunu
- 1/2 tassi iirisetükke

JUHISED:
a) Kuumuta ahi temperatuurini 375 °F (190 °C) ja vooderda muffinivorm pabervooderdistega.
b) Vahusta suures segamiskausis jahu, suhkur, küpsetuspulber ja sool.
c) Sega eraldi kausis kokku sulatatud või, munad, piim ja vaniljeekstrakt.
d) Valage märjad koostisosad kuivade koostisosade hulka ja segage, kuni need on lihtsalt segunenud.
e) Voldi sisse tükeldatud õunad ja iirisetükid.
f) Jaga taigen ühtlaselt muffinitopside vahel.
g) Küpseta 18-20 minutit või kuni keskele torgatud hambaork tuleb puhtana välja.
h) Enne serveerimist lase muffinitel veidi jahtuda. Nautige neid maitsvaid iirise-õunamuffineid magusaks hommikusöögiks!

8. Toffee petipiima pannkoogid

KOOSTISOSAD:
- 1 tass universaalset jahu
- 1 spl granuleeritud suhkrut
- 1 tl küpsetuspulbrit
- 1/2 tl söögisoodat
- 1/4 teelusikatäit soola
- 1 tass petipiima
- 1 suur muna
- 2 spl soolata võid, sulatatud
- 1/2 tassi iirisetükke

JUHISED:
a) Vahusta suures segamiskausis jahu, suhkur, küpsetuspulber, sooda ja sool.
b) Vahusta eraldi kausis petipiim, muna ja sulavõi.
c) Valage märjad koostisosad kuivade koostisosade hulka ja segage, kuni need on lihtsalt segunenud.
d) Voldi sisse iirisetükid.
e) Kuumuta kergelt võiga määritud pann või küpsetusplaat keskmisel kuumusel.
f) Valage iga pannkoogi jaoks pannile 1/4 tassi tainast.
g) Küpseta, kuni pinnale tekivad mullid, seejärel keerake ümber ja küpsetage teiselt poolt kuldpruuniks.
h) Serveeri soojalt vahtrasiirupi ja peale puistatud ekstra iirisetükkidega. Nautige neid mõnusaid iirisepannkooke hommikusöögiks!

9.Toffee kaneeli kaerahelbed

KOOSTISOSAD:
- 1 tass vanaaegset kaera
- 2 tassi vett
- Näputäis soola
- 1/4 tassi iirisetükke
- 2 spl pruuni suhkrut
- 1/4 tl jahvatatud kaneeli
- 1/4 tassi piima

JUHISED:
a) Lase väikeses kastrulis vesi ja sool keema.
b) Sega hulka kaer ja alanda kuumus madalaks. Küpseta aeg-ajalt segades 5 minutit.
c) Sega juurde iirisetükid, pruun suhkur ja jahvatatud kaneel.
d) Küpseta veel 2-3 minutit või kuni kaerahelbed saavutavad soovitud konsistentsi.
e) Tõsta tulelt ja sega juurde piim.
f) Serveeri kuumalt ja naudi seda lohutavat iirise kaerahelbeid maitsvaks hommikusöögiks!

10. Toffee Prantsuse röstsai

KOOSTISOSAD:
- 4 viilu paksu leiba (nt brioche või Texas röstsai)
- 2 suurt muna
- 1/2 tassi piima
- 1 tl vaniljeekstrakti
- 1/4 tl jahvatatud kaneeli
- Näputäis soola
- Või keetmiseks
- 1/4 tassi iirisetükke
- Serveerimiseks vahtrasiirup

JUHISED:
a) Vahusta madalas tassis munad, piim, vaniljeekstrakt, jahvatatud kaneel ja sool.
b) Kastke iga leivaviil munasegusse, tagades, et see on mõlemalt poolt hästi kaetud.
c) Kuumuta pann või pann keskmisel kuumusel ja sulata tükk võid.
d) Asetage kastetud saiaviilud pannile ja küpseta mõlemalt poolt kuldpruuniks, umbes 2-3 minutit mõlemalt poolt.
e) Tõsta keedetud prantsuse röstsai serveerimistaldrikutele.
f) Puista iga viilu iirisetükkidega ja nirista vahtrasiirupiga.
g) Serveeri soojalt ja naudi neid dekadentlikke Toffee French Toast viile hommikusöögiks!

11. lirisejogurti parfee

KOOSTISOSAD:
- 1 tass kreeka jogurtit
- 1/4 tassi iirisetükke
- 1/4 tassi granola
- 1/4 tassi viilutatud värskeid puuvilju (nagu banaanid, maasikad või virsikud)
- Tilk mett (valikuline)

JUHISED:
a) Laota serveerimisklaasi või kaussi Kreeka jogurt, iirisetükid, granola ja viilutatud värsked puuviljad.
b) Korrake kihte, kuni klaas või kauss on täidetud.
c) Soovi korral nirista peale mett.
d) Serveerige kohe ja nautige seda lihtsat, kuid rahuldavat iirisejogurti parfeed hommikusöögiks!

12.lirise banaanipannkoogid

KOOSTISOSAD:
- 1 tass universaalset jahu
- 1 spl granuleeritud suhkrut
- 1 tl küpsetuspulbrit
- 1/2 tl söögisoodat
- 1/4 teelusikatäit soola
- 1 tass petipiima
- 1 suur muna
- 2 spl soolata võid, sulatatud
- 1 küps banaan, purustatud
- 1/4 tassi iirisetükke

JUHISED:
a) Vahusta suures segamiskausis jahu, suhkur, küpsetuspulber, sooda ja sool.
b) Vahusta teises kausis petipiim, muna ja sulatatud või, kuni need on hästi segunenud.
c) Valage märjad koostisosad kuivade koostisosade hulka ja segage, kuni need on lihtsalt segunenud.
d) Voldi sisse püreestatud banaan ja iirisetükid.
e) Kuumuta pann või küpsetusplaat keskmisel kuumusel ja määri kergelt või või küpsetuspritsiga.
f) Valage iga pannkoogi jaoks pannile 1/4 tassi tainast.
g) Küpseta, kuni pinnale tekivad mullid, seejärel keerake ümber ja küpsetage teiselt poolt kuldpruuniks.
h) Serveeri soojalt vahtrasiirupi ja peale puistatud ekstra iirisetükkidega. Nautige neid maitsvaid iirise banaanipannkooke hommikusöögiks!

13.Iirise hommikusöök Quesadillas

KOOSTISOSAD:
- 4 suurt jahutortillat
- 1 tass hakitud Cheddari juustu
- 1/2 tassi iirisetükke
- Või keetmiseks
- Kastmiseks vahtrasiirup

JUHISED:

a) Puista hakitud Cheddari juust ja iirisetükid ühtlaselt poole iga tortilla peale.

b) Voldi tortillad pooleks, et katta täidis.

c) Kuumuta pann või pann keskmisel kuumusel ja sulata tükk võid.

d) Aseta täidetud tortillad pannile ja küpseta mõlemalt poolt kuldpruuniks ja krõbedaks, poole pealt ümber pöörates.

e) Eemaldage tulelt ja laske enne viiludeks viilutamist minut jahtuda.

f) Serveeri soojalt koos vahtrasiirupiga dippimiseks. Nautige neid unikaalseid ja maitsvaid iirise hommikusöögi Quesadillasid, et muuta hommikusöögi lõbusaks!

14. Iirise B piimaga muffinid

KOOSTISOSAD:
- 1 1/2 tassi universaalset jahu
- 1/2 tassi granuleeritud suhkrut
- 1 tl küpsetuspulbrit
- 1/2 tl söögisoodat
- 1/4 teelusikatäit soola
- 1 tass petipiima
- 1/4 tassi soolata võid, sulatatud
- 1 suur muna
- 1 tl vaniljeekstrakti
- 1/2 tassi iirisetükke

JUHISED:
a) Kuumuta ahi temperatuurini 375 °F (190 °C) ja vooderda muffinivorm papervooderdistega.
b) Vahusta suures segamiskausis jahu, suhkur, küpsetuspulber, sooda ja sool.
c) Vahusta teises kausis petipiim, sulavõi, muna ja vaniljeekstrakt, kuni need on hästi segunenud.
d) Valage märjad koostisosad kuivade koostisosade hulka ja segage, kuni need on lihtsalt segunenud.
e) Voldi sisse iirisetükid.
f) Jaga taigen ühtlaselt muffinitopside vahel.
g) Küpseta 18-20 minutit või kuni keskele torgatud hambaork tuleb puhtana välja.
h) Enne serveerimist lase muffinitel veidi jahtuda. Nautige neid niiskeid ja maitsekaid iirise hommikusöögimuffineid koos hommikukohvi või teega!

15.Toffee karamelli kaerahelbed

KOOSTISOSAD:
- 1 tass valtsitud kaerahelbeid
- 1 3/4 tassi piima (või vett kergema variandi jaoks)
- Näputäis soola
- 2 supilusikatäit iirisetükke
- 2 spl karamellkastet
- Soovi korral lisandid: viilutatud banaanid, hakitud pähklid, lisaks karamellkaste

JUHISED:
a) Aja kastrulis piim (või vesi) ja sool keema.
b) Sega hulka valtsitud kaer ja alanda kuumust keemiseni.
c) Keeda kaer vastavalt pakendi juhistele kreemjaks ja pehmeks.
d) Pärast küpsetamist segage iirisetükid ja karamellikaste, kuni need on hästi segunenud.
e) Serveeri kuumalt, peale viilutatud banaane, hakitud pähkleid ja soovi korral nirista täiendavat karamellkastet. Nautige seda mõnusat iirisekaramelli kaerahelbeid ja nautige lohutavat hommikusööki!

16. lirise mandli granola

KOOSTISOSAD:
- 3 tassi vanaaegset kaera
- 1 tass viilutatud mandleid
- 1/4 tassi iirisetükke
- 1/4 tassi mett
- 2 spl kookosõli, sulatatud
- 1 tl vaniljeekstrakti
- Näputäis soola

JUHISED:
a) Kuumuta ahi temperatuurini 325 °F (160 °C) ja vooderda küpsetusplaat küpsetuspaberiga.
b) Segage suures segamiskausis kaer, viilutatud mandlid ja iirisetükid.
c) Vispelda väikeses kausis mesi, sulatatud kookosõli, vaniljeekstrakt ja sool.
d) Valage märjad koostisosad kuivadele koostisosadele ja segage, kuni need on ühtlaselt kaetud.
e) Laota segu ühtlaselt ettevalmistatud ahjuplaadile.
f) Küpseta pooleldi segades 25-30 minutit, kuni see on kuldpruun ja krõbe.
g) Laske granola küpsetusplaadil täielikult jahtuda, enne kui jagate selle kobarateks.
h) Hoidke õhukindlas anumas ja nautige hommikusöögiks seda krõmpsuvat ja maitsvat Toffee Mandli Granolat koos jogurti või piimaga!

17.lirise banaanileiva muffinid

KOOSTISOSAD:

- 1 1/2 tassi universaalset jahu
- 1 tl küpsetuspulbrit
- 1/2 tl söögisoodat
- 1/4 teelusikatäit soola
- 3 küpset banaani, purustatud
- 1/2 tassi granuleeritud suhkrut
- 1/4 tassi soolata võid, sulatatud
- 1 suur muna
- 1 tl vaniljeekstrakti
- 1/4 tassi iirisetükke

JUHISED:

a) Kuumuta ahi temperatuurini 350 °F (175 °C) ja vooderda muffinivorm papervooderdistega.

b) Vahusta suures segamiskausis jahu, küpsetuspulber, sooda ja sool.

c) Sega teises kausis püreestatud banaanid, suhkur, sulatatud või, muna ja vaniljeekstrakt, kuni need on hästi segunenud.

d) Valage märjad koostisosad kuivade koostisosade hulka ja segage, kuni need on lihtsalt segunenud.

e) Voldi sisse iirisetükid.

f) Jaga taigen ühtlaselt muffinitopside vahel.

g) Küpseta 18-20 minutit või kuni keskele torgatud hambaork tuleb puhtana välja.

h) Enne serveerimist lase muffinitel veidi jahtuda. Nautige neid veetlevaid iirise banaanileiva muffineid maitsva hommikusöögi või suupistena!

18. Toffee Apple Breakfast Cobbler

KOOSTISOSAD:
- 4 tassi viilutatud õunu (nt Granny Smith või Honeycrisp)
- 1 spl sidrunimahla
- 1/4 tassi granuleeritud suhkrut
- 1/2 tl jahvatatud kaneeli
- 1 tass universaalset jahu
- 1/2 tassi granuleeritud suhkrut
- 1 tl küpsetuspulbrit
- 1/4 teelusikatäit soola
- 1/2 tassi soolata võid, sulatatud
- 1/4 tassi iirisetükke

JUHISED:
a) Kuumuta ahi temperatuurini 375 °F (190 °C) ja määri küpsetusnõu rasvaga.
b) Segage suures segamiskausis viilutatud õunad sidrunimahla, granuleeritud suhkru ja jahvatatud kaneeliga, kuni need on hästi kaetud.
c) Laota õunasegu ühtlaselt ettevalmistatud ahjuvormi.
d) Sega teises kausis jahu, granuleeritud suhkur, küpsetuspulber ja sool.
e) Sega juurde sulavõi, kuni segu meenutab jämedat puru.
f) Voldi iirisetükid sisse.
g) Puista purusegu ühtlaselt ahjuvormi õuntele.
h) Küpseta 30-35 minutit või kuni kate on kuldpruun ja õunad pehmed.
i) Serveeri soojalt, soovi korral koos vanillijäätise või vahukoorega. Nautige seda maitsvat Toffee Apple Breakfast Cobbler'i hubaseks hommikusöögiks!

SUUPSED JA KOMMID

19. Šokolaad- iirise kreekeri krõmps

KOOSTISOSAD:
- 1,5 varrukat soolakreekereid või 6-8
- matzohi lehed (piisab 11x17 küpsetusplaadi täitmiseks)
- 1 pulk (8 supilusikatäit) võid
- 1 tass tumepruuni suhkrut
- 2 tassi kibemagusaid šokolaaditükke
- 1 tl meresoola, lisaks veel puistamiseks

JUHISED:
a) Kuumuta ahi temperatuurini 350°F. Aseta soolased küpsetuspaberiga kaetud ahjuplaadile, jälgides, et need võimalikult tihedalt kokku sobiksid. Murdke soolatükid servade sobitamiseks või aukude täitmiseks. Pange katkised tükid hilisemaks kõrvale.

b) Sulata väikeses kastrulis keskmisel kuumusel või ja suhkur, aeg-ajalt segades, et karamell kõrbema ei läheks. Kuumuta karamell keemiseni ja keeda 2 minutit. Segage soola ja valage seejärel kreekeritele, ajades kuumakindla spaatliga laiali, et katta kõik puuduolevad kohad (iiris pakseneb väga kiiresti, nii et tehke seda kindlasti kiiresti).

c) Küpseta iirisekreekereid 10 minutit, kuni iiris hakkab mullitama. Võta ahjust välja ja jahuta 1 minut.

d) Puista kuumale iirisele šokolaaditükid. Laske neil mõni minut seista, kuni nad hakkavad sulama. Määri šokolaad ühtlase kihina iirisele. Purusta järelejäänud soolatükid väikeseks puruks (või purusta 5-7 soolapuru) ja puista kuumalt šokolaadi peale. Šokolaadile võid puistata ka meresoola.

e) Jahuta kreekerid, kuni šokolaad on tahenenud.

f) Lõika tükkideks ja säilita õhukindlas anumas kuni üks nädal.

20.Karamelli pähklibatoonid

KOOSTISOSAD:
- 1 karp šokolaadikoogi segu
- 3 supilusikatäit võid pehmendatud
- 1 muna
- 14 untsi magustatud kondenspiima
- 1 muna
- 1 tl puhast vaniljeekstrakti
- 1/2 tassi peeneks jahvatatud kreeka pähkleid
- 1/2 tassi peeneks jahvatatud iirisetükke

JUHISED:
a) Kuumuta ahi 350-ni.
b) Valmistage ristkülikukujuline koogivorm küpsetuspritsiga ja asetage seejärel kõrvale.
c) Sega koogisegu, või ja üks muna segamisnõus ning sega seejärel murenemiseni.
d) Suru segu ettevalmistatud panni põhjale ja tõsta kõrvale.
e) Teises segamisnõus segage piim, ülejäänud muna, ekstrakt, kreeka pähklid ja iirisetükid.
f) Sega korralikult läbi ja vala pannipõhjale.
g) Küpseta 35 minutit.

21.Toffee kašupähkli aarded

KOOSTISOSAD:
- 1 tass võid, pehmendatud
- 1 tass suhkrut
- 1 tass pakitud pruuni suhkrut
- 2 muna
- 1 tl vaniljeekstrakti
- 2 tassi universaalset jahu
- 2 tassi vanaaegset kaera
- 1 tl söögisoodat
- 1/2 tl küpsetuspulbrit
- 1/2 teelusikatäit soola
- 1 tass magustatud hakitud kookospähklit
- 1 tass piimašokolaadi inglise iirise bitte või brickle iirise bitte
- 1 tass hakitud india pähkleid, röstitud

JUHISED:
a) Vahusta suhkrud ja või suures kausis kohevaks ja heledaks vahuks. Pane ükshaaval sisse munad, iga lisamise järel korralikult vahustades. Klopi sisse vanilje.

b) Sega omavahel sool, küpsetuspulber, sooda, kaer ja jahu; lisage aeglaselt koorega segule ja segage hästi. Sega hulka ülejäänud ained.

c) Tõsta määrimata küpsetusplaatidele ümarate supilusikatäite kaupa 3-tollise vahega. Küpseta 350 ° juures, kuni see on kergelt pruunistunud, 12–14 minutit.

d) Enne restidele tõstmist laske 2 minutit jahtuda.

22.Iirise teraviljabatoonid

KOOSTISOSAD:
- 2 tassi valtsitud kaera
- 1 tass krõbedat riisiterahelbe
- 1/2 tassi iirisetükke
- 1/2 tassi hakitud pähkleid (nagu mandlid või pekanipähklid)
- 1/2 tassi mett
- 1/2 tassi kreemjat maapähklivõid
- 1 tl vaniljeekstrakti

JUHISED:

a) Kuumuta ahi temperatuurini 350 °F (175 °C) ja vooderda küpsetusvorm küpsetuspaberiga.

b) Segage suures segamiskausis valtsitud kaer, krõbe riisihelbed, iirisetükid ja hakitud pähklid.

c) Kuumuta väikeses potis mesi ja maapähklivõi keskmisel kuumusel, kuni see on sulanud ja hästi segunenud.

d) Tõsta tulelt ja sega hulka vanilliekstrakt.

e) Vala mee-maapähklivõi segu kuivainetele ja sega ühtlase kattekihini.

f) Suru segu tugevalt ettevalmistatud ahjuvormi.

g) Küpseta 15-20 minutit või kuni kuldpruunini.

h) Laske enne batoonideks lõikamist täielikult jahtuda. Nautige neid krõmpsuvaid ja rahuldavaid iirise hommikusöögibatoone liikvel olles!

23.Toblerone iirisebatoonid

KOOSTISOSAD:
- 1 tass Võid
- 1 tass pruuni suhkrut
- 1 muna
- 1 supilusikatäis vanilli
- 2 tassi Jahu
- ½ teelusikatäit soola
- 6 Toblerone baari
- Pähklid

JUHISED:
a) Koorvõi; lisada suhkur; kreem heledaks ja kohevaks.
b) Lisa muna ja vanill, jahu ja sool. Sega hästi. Laota rasvaga määritud ja jahuga ülepuistatud 10 x 15-tollisele pannile.
c) Küpseta 350 kraadi juures 10 minutit.
d) Eemaldage ahjust ja asetage peale toblerone batoonid.
e) Tõsta tagasi ahju, kui batoonid on sulanud, määri laiali.
f) Puista peale pähklid ja lõika kangideks.

24.Mandli-iirise popkorn

KOOSTISOSAD:
- 1 tass Suhkur
- ½ tassi võid
- ½ tassi valget maisisiirupit
- ¼ tassi vett
- 1 tass mandleid; hakitud & röstitud
- ½ tl vanilli
- ½ tassi popkorni

JUHISED:
a) Sega paksus kastrulis suhkur, või, maisisiirup, vesi ja mandlid.
b) Küpseta mõõdukal kuumusel 280°-ni kommitermomeetril.
c) Lisa vanilje. Sega korralikult läbi ja vala peale poputatud maisi.

25.Hershey iirisebatoonid

KOOSTISOSAD:
- 1 tass Võid
- 1 tass pruuni suhkrut
- 1 muna
- 1 supilusikatäis vanilli
- 2 tassi Jahu
- ½ teelusikatäit soola
- 6 Hershey baari
- Pähklid

JUHISED:
a) koorevõi; lisada suhkur; kreem heledaks ja kohevaks.
b) Lisa muna ja vanill, jahu ja sool. Sega hästi. Laota rasvaga määritud ja jahuga ülepuistatud 10 x 15-tollisele pannile.
c) Küpseta 350 kraadi juures 10 minutit.
d) Eemaldage ahjust ja asetage Hershey batoonid peale.
e) Asendage ahjus, kui batoonid on sulanud, levitage.
f) Puista peale pähklid. Lõika ribadeks.

26.Banoffee küpsised espresso tilgutusega

KOOSTISOSAD:
KÜPSISED:
- 1 tass valtsitud kaerahelbeid
- ¾ tassi mandlijahu
- 1 tl jahvatatud espressopulbrit
- ½ tl jahvatatud kaneeli
- ½ tl söögisoodat
- ¼ teelusikatäit koššersoola
- 1 suur muna
- ¼ tassi ekstra neitsioliiviõli
- 2 spl turbinado suhkrut
- 2 banaani (1 püreestatud, 1 viilutatud)

ESPRESSO MANDLIVÕI KATSE:
- 2 spl siledat mandlivõid
- 2 spl kuuma espressot või kanget kuuma kohvi
- 2 spl turbinado suhkrut

JUHISED:
KÜPSISED:
a) Kuumuta ahi temperatuurini 350 °F. Vooderda suur ahjuplaat küpsetuspaberiga.

b) Segage suures segamiskausis kaer, mandlijahu, espressopulber, kaneel, söögisooda ja sool.

c) Vahusta väiksemas segamiskausis muna kergelt läbi. Lisa munale õli, suhkur, 1 püreestatud banaan, mandlivõi ja vaniljeekstrakt, vahustades, kuni need on hästi segunenud.

d) Vala vedelad koostisosad kuivainetesse ja vahusta kuni segunemiseni. Voldi sisse 1 viilutatud banaan, kreeka pähklid (valikuline) ja rosinad (valikuline).

e) Tõsta tainas kuhjaga supilusikatäis ettevalmistatud küpsetusplaadile, et saada kaheksa suurt küpsist. Asetage küpsised üksteisest 2 tolli kaugusele ja vormige need sõrmedega ümmargusteks.

f) Küpseta küpsiseid 13–15 minutit, kuni need on kuldpruunid. Lase küpsistel küpsetusplaadil 5 minutit seista, seejärel tõsta need restile täielikult jahtuma.

ESPRESSO MANDLIVÕI KATSE:
g) Sega väikeses segamiskausis mandlivõi, kuum espresso või kohv ja suhkur, vahustades ühtlaseks.
h) Tõsta segu kilevõileivakotti ja lõika ühest nurgast väike ots ära, et saaks torukotti.
i) Nirista glasuur küpsistele.
j) Küpsised säilivad õhukindlas pakendis 1 päeva või külmkapis kuni 3 päeva.

27. Banoffee pirukad

KOOSTISOSAD:
KOORIK:
- 1 tass Grahami kreekeripuru (umbes 8 täislehte)
- 4 spl võid, sulatatud

TÄITMINE:
- 16 medjool datlit, kivideta
- ½ tl soola
- 1 tl vaniljeekstrakti
- ¾ tassi piima (vajadusel võib lisada kuni ¼ tassi rohkem)

TOPPING:
- 2 keskmist banaani, viilutatud
- 1 tass vahukoort (mida paksem, seda parem)
- ½ tassi šokolaadilaaste (valikuline)

JUHISED:
KOORIK:
a) Kuumuta ahi temperatuurini 350 °F.
b) Lisa köögikombainis Graham kreekerid ja puljongi, kuni on tekkinud peen puru ja kõik tükid on murenenud. Lisa sulatatud või ja vahusta kuni segunemiseni.
c) Aseta igasse minimuffinitopsi 1 supilusikatäis segu. Vajutage tugevalt põhjale ja külgedele, kuni on tekkinud koorik. Küpseta 6 kuni 8 minutit või kuni see on hangunud.

TÄITMINE:
d) Lisa kõik koostisained köögikombaini ja blenderda, kuni segu on ühtlane ja datlitükke ei ole märgata. Kui segu on liiga paks, lisa 1-2 spl kaupa juurde.
e) Tõsta 1-2 supilusikatäit karamelli segu igasse Grahami kreekeri tassi. Aseta banaaniviil karamelli peale.

TOPPING:
f) Torka vahukoort iga Banoffee tassi peale. Puista peale šokolaadilaaste ja lisa kaunistuseks ½ banaaniviilu vertikaalselt vahukoorele.
g) Kui te ei serveeri kohe, oodake, kuni viimane banaaniviil on serveerimiseks valmis, et vältida pruunistumist.

28. Choc Banoffee Filo Stack

KOOSTISOSAD:
- 45 g (¼ tassi) sarapuupähkleid, peeneks hakitud, lisaks veel serveerimiseks
- 2 tl kookos- või fariinsuhkrut
- ½ tl jahvatatud kaneeli
- 8 lehte filotainast
- 375 g vanni siledat ricottat
- 2 x 150g vaniljeoa fruche
- 2 tl vaniljeekstrakti
- 1 sidrun, peeneks riivitud koor
- 2 tl kakaopulbrit
- 3 suurt banaani õhukesteks viiludeks
- Kakao nibid, puistamiseks
- Kookossiirup, serveerimiseks

JUHISED:

a) Kuumuta ahi 190C/170C ventilaatoriga. Sega kausis pähklid, suhkur ja kaneel. Vooderda 3 ahjuplaati küpsetuspaberiga.

b) Asetage taignaleht tööpinnale ja piserdage õliga. Puista peale veidi pähklisegu. Aseta peale teine filoleht. Jätkake kihistamist õli, pähklisegu ja filoga, kuni teil on 4 kihti. Korrake ülejäänud filo-, õli- ja pähkliseguga, et teha veel üks 4-kihiline virn. Lõika iga virn 12 ruuduks ja aseta ettevalmistatud alustele. Küpseta 10 minutit või kuni kuldne. Lase jahtuda.

c) Sega kausis ricotta, fruche, vanill ja sidrunikoor. Jaga segu 2 kausi vahel. Lisa kakao 1 kaussi ja sega ühtlaseks. Keera segud kergelt kokku. 4 parimat ruutu ricotta segu, banaani, kakaotükkide ja lisapähklitega. Lao ülemised ruudud üksteise peale. Korrake sama ülejäänud koostisosadega, et saada kokku 6 virna.

d) Nirista peale kookossiirup. Serveeri kohe.

29. Banoffee tartletid

KOOSTISOSAD:
TARTLETITAIGAS:
- 56 g (¼ tassi) soolata võid, toatemperatuuril
- 50 g (¼ tassi) granuleeritud suhkrut
- 1 suur toatemperatuuril munakollane
- 94 g (¾ tassi) universaalset jahu
- ¼ teelusikatäit soola

KARAMELLKASTE:
- 1 tass (200 g) granuleeritud suhkrut
- ½ tassi (113 g) soolamata võid, kuubikuteks
- ½ tl soola
- 1½ tl puhast vaniljeekstrakti
- 1 tass (240 ml) koort toatemperatuuril

KOOSTAMINE:
- 1 banaan, lõigatud viiludeks
- 1 tass vahukoort
- Vähesed šokolaadi lokid või laastud

JUHISED:
TARTLETITAIGAS:
a) Vahusta suures kausis soolata või ja granuleeritud suhkur kreemjaks.
b) Lisa munakollane ja klopi ühtlaseks.
c) Eraldi kausis segage universaalne jahu ja sool.
d) Lisa kuivained märgadele koostisosadele ja sega purutaoliseks.
e) Sõtkuge tainas ühtlaseks, seejärel jahutage see külmkapis vähemalt 30 minutit või üleöö.
f) Kuumuta ahi temperatuurini 350ºF (177ºC) ja määri kolm tartletivormi.
g) Rulli tainas lahti ja vooderda tartletivormid.
h) Küpsetage tartletid pimedaks kuldpruuniks.
i) Enne pannilt eemaldamist laske koortel täielikult jahtuda.

KARAMELLKASTE:
j) Sulata paksupõhjalises potis suhkur keskmisel-madalal kuumusel.
k) Segage pidevalt, kuni kogu suhkur on sulanud.
l) Lisage kahekaupa võikuubikud ja segage intensiivselt.

m) Lisage hoolikalt segades sool ja vanill.
n) Lisa vähehaaval intensiivselt segades koor.
o) Tõsta karamell klaaspurki ja lase täielikult jahtuda.

KOOSTAMINE:
p) Lisa tartlettide põhjale lusikatäis karamellkastet.
q) Kõige peale tõsta banaaniviilud.
r) Lisa vahukoor ja šokolaadilaastud.
s) Enne serveerimist jahuta.

30.Banoffee koogikesi

KOOSTISOSAD:
KOKKIDE JAOKS:
- 1 ½ tassi universaalset jahu
- 1 ½ teelusikatäit küpsetuspulbrit
- ½ tl söögisoodat
- ¼ teelusikatäit soola
- ½ tassi soolamata võid, pehmendatud
- ½ tassi granuleeritud suhkrut
- 2 küpset banaani, püreestatud
- 2 suurt muna
- 1 tl vaniljeekstrakti
- ½ tassi täispiima

TOFFIKASTME JAOKS:
- ½ tassi soolamata võid
- 1 tass pruuni suhkrut
- ½ tassi rasket koort
- ¼ teelusikatäit soola
- 1 tl vaniljeekstrakti

KATTEKS:
- 2 küpset banaani, viilutatud
- Vahukoor
- Šokolaadilaastud

JUHISED:
KOKKIDE JAOKS:
a) Kuumuta ahi temperatuurini 350 °F (175 °C) ja vooderda muffinivorm koogikattega.
b) Vahusta kausis jahu, küpsetuspulber, sooda ja sool. Kõrvale panema.
c) Vahusta teises kausis pehme või ja granuleeritud suhkur heledaks ja kohevaks vahuks.
d) Lisage või-suhkru segule püreestatud banaanid, munad ja vaniljeekstrakt. Segage, kuni see on hästi segunenud.
e) Lisa banaanisegule järk-järgult kuivained, vaheldumisi piimaga. Alusta ja lõpeta kuivainetega. Sega, kuni see on lihtsalt segunenud.
f) Jaga koogitainas ühtlaselt koogivoodri vahel.

g) Küpseta eelkuumutatud ahjus umbes 18-20 minutit või kuni koogi sisse torgatud hambaork tuleb puhtana välja.

h) Lase koogikestel mõni minut pannil jahtuda, enne kui tõstad need restile täielikult jahtuma.

TOFFIKASTME JAOKS:

i) Potis sulatage keskmisel kuumusel või.

j) Sega juurde pruun suhkur ja kuumuta pidevalt segades, kuni suhkur on lahustunud.

k) Vala juurde raske koor ja sega hästi.

l) Laske segul kergelt keema tõusta, seejärel eemaldage see tulelt.

m) Sega juurde sool ja vaniljeekstrakt. Lase iirisekastmel jahtuda.

n) Kokkupanek:

o) Kui koogikesed ja iirisekaste on jahtunud, valage iga koogi peale lusikaga rikkalik kogus iirisekastet.

p) Aseta iirisekastme peale banaaniviilud.

q) Lõpeta vahukoore ja puista šokolaadilaastudega.

31. Külmutatud Banoffee maiused

KOOSTISOSAD:
- 1 suur banaan
- ¼ tassi šokolaadi-iirise tükikesi
- 1 tass karamellilaastud
- 1 tl orgaanilist kookosõli

JUHISED:
a) Koori banaan ja lõika pooleks.
b) Sisestage pulgakommipulgad nii, et need ulatuksid ¾ ulatuses üles.
c) Külmuta vahapaberiga kaetud küpsiseplaadil tahkeks.
d) Valmistage ette väike taldrik ¼ tassi šokolaadiga kaetud iirisetükkidega, mis on hajutatud ja kasutamiseks valmis.
e) Seadke kahekordne boiler, kus keedetakse vett. Asetage sellele metallist segamiskauss ja sulatage aeglaselt 1 tass karamellilaaste. Kui need hakkavad sulama, lisa 1 tl kookosõli ja sega, kuni konsistents on ühtlane. Eemaldage kuumusest.
f) Tõsta karamelli segu lusikaga külmutatud banaanile (tööta korraga ¼–½ banaaniga, kuna see kiiresti tardub) ja kasta iirisetükkidele. Korrake, kuni banaan on kaetud.
g) Asetage uuesti vahapaberiga kaetud küpsiseplaadile ja külmutage 10 minutit. Kui serveeritakse kohe, on nad kasutamiseks valmis. Kui serveerite hiljem, mähkige igaüks kilesse ja asetage sügavkülmakindlasse kotti.

32.Banoffee Dip Grahami kreekeritega

KOOSTISOSAD:

- 1 tass küpseid banaane, purustatud
- 1 tass toorjuustu, pehmendatud
- ½ tassi iirisetükke
- ¼ tassi hakitud kreeka pähkleid
- Grahami kreekerid kastmiseks

JUHISED:

a) Sega kausis püreestatud banaanid ja pehme toorjuust ühtlaseks massiks.

b) Voldi sisse iirisetükid ja hakitud kreeka pähklid.

c) Serveerige Banoffee dipikastet koos grahami kreekeritega, et saada maitsvat magusat suupistet.

33. Banoffee Energy Bites

KOOSTISOSAD:

- 1 tass valtsitud kaerahelbeid
- ½ tassi küpset banaani, purustatud
- ¼ tassi mandlivõid
- ¼ tassi iirisetükke
- 1 spl mett
- Rebitud kookospähkel rullimiseks (valikuline)

JUHISED:

a) Sega kausis valtsitud kaer, purustatud banaan, mandlivõi, iirisetükid ja mesi.

b) Veereta segust suupistesuurused pallikesed. Soovi korral veeretage iga palli hakitud kookospähklis.

c) Enne serveerimist hoia vähemalt 30 minutit külmkapis.

34.Banoffee popkorni segu

KOOSTISOSAD:
- 6 tassi popkorni
- ½ tassi iirisetükke
- ½ tassi kuivatatud banaanilaaste
- ¼ tassi sulatatud šokolaadi (piima- või tumedat)
- ¼ tassi hakitud maapähkleid

JUHISED:

a) Segage suures kausis popkorn, iirisetükid, kuivatatud banaanilaastud ja hakitud maapähklid.

b) Nirista segule sulatatud šokolaad ja sega, kuni kõik on ühtlaselt kaetud.

c) Laota segu küpsetusplaadile, et šokolaad hanguks. Jaotage klastritesse ja nautige!

35. Banoffee Bruschetta Bites

KOOSTISOSAD:
- Baguette viilud, röstitud
- Mascarpone juust
- Küps banaan, õhukesteks viiludeks
- Niristamiseks iirisekaste
- Kaunistuseks värsked piparmündilehed

JUHISED:
a) Määri igale röstitud baguette'i viilule kiht mascarponet.
b) Kõige peale tõsta õhukesteks viiludeks lõigatud banaanid.
c) Nirista iirisekastmega ja kaunista värskete piparmündilehtedega.
Serveeri mõnusate Banoffee bruschetta suupistetena.

36. Banoffee Granola baarid

KOOSTISOSAD:
- 2 tassi valtsitud kaera
- 1 tass purustatud küpseid banaane
- ½ tassi mandlivõid
- ¼ tassi mett
- ¼ tassi iirisetükke
- ¼ tassi tükeldatud kuivatatud banaane

JUHISED:

a) Sega kausis valtsitud kaer, püreestatud banaanid, mandlivõi, mesi, iirisetükid ja tükeldatud kuivatatud banaanid.

b) Suru segu vooderdatud ahjuvormi ja pane külmkappi tahenema.

c) Lõika ribadeks ja naudi neid Banoffee-maitselisi granola hõrgutisi.

37. Banoffee S'mores Bites

KOOSTISOSAD:
- Grahami kreekerid, ruutudeks jaotatud
- Küpsed banaani viilud
- Vahukommid, röstitud
- Piimašokolaadi ruudud
- Niristamiseks iirisekaste

JUHISED:
a) Asetage banaaniviil Grahami kreekeri ruudule.
b) Rösti vahukomm ja aseta see banaani peale.
c) Lisa ruut piimašokolaadi ja nirista peale iirisekaste. Tõsta peale veel üks Grahami kreekeriruut.

38. Banoffee juustukoogibatoonid

KOOSTISOSAD:
KOORIKU KOHTA:
- 1 ½ tassi purustatud digestive küpsiseid
- ½ tassi soolata võid, sulatatud

JUUSTUSTOOGI TÄIDISEKS:
- 16 untsi toorjuustu, pehmendatud
- ½ tassi granuleeritud suhkrut
- 2 küpset banaani, püreestatud
- 2 suurt muna
- ¼ tassi universaalset jahu
- ¼ tassi rasket koort
- 1 tl vaniljeekstrakti

KATTEKS:
- Toffee kaste
- Viilutatud banaanid

JUHISED:
a) Kuumuta ahi temperatuurini 325 °F (163 °C). Määri ja vooderda ahjuvorm küpsetuspaberiga.
b) Sega kausis kokku purustatud digestive küpsised ja sulatatud või. Suru valmis roa põhja, et tekiks koorik.
c) Vahusta teises kausis toorjuust ja suhkur ühtlaseks. Lisa püreestatud banaanid, munad, jahu, koor ja vaniljeekstrakt. Segage, kuni see on hästi segunenud.
d) Vala juustukoogisegu koorikule.
e) Küpseta umbes 40-45 minutit või kuni keskosa on tahenenud.
f) Lase jahtuda, seejärel tõsta mõneks tunniks külmkappi.
g) Enne serveerimist nirista peale iirisekastet ja tõsta peale viilutatud banaanid.

39. CandiQuik Cowboy Bark

KOOSTISOSAD:
- 1 pakk CandiQuik (vaniljemaitseline kommikate)
- 1 tass minikringlit
- 1 tass soolatud kreekerid, tükeldatud
- ½ tassi iirisetükke
- ½ tassi röstitud ja soolatud maapähkleid
- ¼ tassi mini šokolaaditükke
- ¼ tassi piimašokolaaditükke
- Meresool puistamiseks (valikuline)

JUHISED:
a) Vooderda ahjuplaat küpsetuspaberiga.
b) Murra CandiQuik tükkideks ja aseta kuumakindlasse kaussi. Sulata CandiQuik vastavalt pakendi juhistele. Tavaliselt hõlmab see mikrolaineahjus 30-sekundiliste intervallidega, kuni see täielikult sulab.
c) Segage suures segamiskausis minikringlid, soolakreekerid, iirisetükid, röstitud maapähklid, minišokolaaditükid ja piimašokolaaditükid.
d) Vala sulatatud CandiQuik kuivainetele ja sega, kuni kõik on korralikult kaetud.
e) Laota segu ühtlaselt ettevalmistatud ahjuplaadile.
f) Valikuline: Magusa ja soolase maitse kontrasti saamiseks puistake peale veidi meresoola.
g) Laske Cowboy Barkil täielikult jahtuda ja taheneda. Saate seda protsessi kiirendada, kui asetate selle külmkappi.
h) Kui Cowboy Bark on täielikult hangunud, purustage see hammustuse suurusteks tükkideks.
i) Hoidke Cowboy Barki õhukindlas anumas toatemperatuuril.

40. Šokolaadi-iiris

KOOSTISOSAD:
- 1 tass datleid, kivideta
- 1 tass kookosõli
- 1/2 tassi vett
- 1/2 tassi kakaopulbrit
- 1 tl vaniljepulbrit
- 1 näputäis soola

JUHISED:

a) Kata datlid veega ja lase pehmeneda – selle protsessi kiirendamiseks kasuta sooja vett.

b) Aseta kõik köögikombaini ja töötle S-Blade'iga ühtlaseks ja segunemiseks. See võtab aega kuni 20 minutit ja on seda aega väärt.

c) Vala madalasse kaussi ja lase külmikus taheneda.

d) Lõika umbes 3-4 tunni pärast ruutudeks.

e) Hoidke neid külmkapis õhukindlas anumas.

41. Kaneeli-iirisebatoonid

KOOSTISOSAD:
- 1 tass soolata võid, pehmendatud
- 1 tass pakitud pruuni suhkrut
- 1 muna
- 1 tl vanilli
- 2 spl jahvatatud kaneeli
- ½ teelusikatäit soola
- 2 tassi universaalset jahu
- 1 munavalge, lahtiklopitud
- 6 spl Võid, külm
- ¾ tassi universaalset jahu
- ¾ tassi suhkrut
- Kaunistuseks värviline suhkur

JUHISED:

a) Kuumuta ahi 375 kraadini. Määri 15x10-tolline tarretisrulli pann. Vahusta või, suhkur, muna ja vanill segamisnõus. Sega juurde kaneel ja sool.

b) Lisa vähehaaval jahu. Sega hästi. Suru vahapaberiga pannile ¼ tolli paksuseks.

c) Pintselda taignale lahtiklopitud munavalge. Sega streuseli koostisosad köögikombainis. Töötle kuni või on ühtlaselt segunenud. Puista streusel taignale. Küpseta 20 minutit. Jahuta restil 15 minutit. Lõika 2x1½ ~tollisteks kangideks, kui see on veel soe.

42. Inglise pubi iiris

KOOSTISOSAD:
- 1 ½ tassi võid, kuubikuteks lõigatud
- 2 tassi granuleeritud suhkrut
- ¼ teelusikatäit soola
- 2 spl õlut
- 2 tassi tumeda šokolaadi laaste
- 2 tassi kringlit, kergelt purustatud

JUHISED:
a) Vooderda ahjuplaat küpsetuspaberi või Silpatiga.
b) Lisa tugeval kuumusel potti või suhkur, sool ja õlu. Segage pidevalt, kuni või on sulanud.
c) Kinnitage küpsetustermomeeter servale, küpseta, kuni suhkur jõuab 300 F-ni, aeg-ajalt segades.
d) Vala ettevalmistatud pannile. Lase umbes 2 minutit jahtuda, puista peale šokolaaditükid.
e) Kui soe iiris on šokolaaditükid sulatanud, määri šokolaad nihkelabidaga ühtlaselt laiali. Puista üle peekoni ja kringliga.
f) Jahutage toatemperatuurini, seejärel lisage külmkappi ja jahutage 2 tundi.
g) Enne serveerimist murda tükkideks.

43. Suhkrustatud peekoni-iirise ruudud

KOOSTISOSAD:
- 8 viilu peekonit
- ¼ tassi helepruuni suhkrut, kindlalt pakitud
- 8 spl võid, pehmendatud
- 2 spl soolata võid, pehmendatud
- ⅓ tassi tumepruuni suhkrut, kindlalt pakitud
- ⅓ tassi kondiitri suhkrut
- 1½ tassi mannajahu
- ½ teelusikatäit soola
- ½ tassi iirisetükke
- 1 tass tumeda šokolaadi laastud
- ⅓ tassi hakitud mandleid

JUHISED:

a) Kuumuta ahi temperatuurini 350 °F (180 °C). Viska keskmises kausis peekon ja helepruun suhkur ning laota ühe kihina küpsetusplaadile.

b) Küpseta 20 kuni 25 minutit või kuni peekon on kuldne ja krõbe. Võta ahjust välja ja lase 15–20 minutit jahtuda. Haki väikesteks tükkideks.

c) Alandage ahju temperatuuri 340 °F-ni (171 °C). Vooderdage 9 × 13-tolline (23 × 33 cm) küpsetuspann alumiiniumfooliumiga, piserdage mittenakkuva küpsetusspreiga ja asetage kõrvale.

d) Sega suures kausis elektrimikseriga keskmisel kiirusel või, soolata või, tumepruun suhkur ja kondiitri suhkur heledaks ja kohevaks. Lisa mannapudrujahu ja sool järk-järgult, segades, kuni need segunevad. Segage ¼ tassi iirisetükke, kuni need on ühtlaselt jaotunud.

e) Suru tainas ettevalmistatud pannile ja küpseta 25 minutit või kuni see on kuldpruun. Võta ahjust välja, puista peale tumeda šokolaadi laastud ja jäta 3 minutiks või kuni laastud on pehmenenud.

f) Määri pealt ühtlaselt pehme šokolaad ning puista peale mandleid, suhkrustatud peekonit ja ülejäänud ¼ tassi iirisetükke. Lase jahtuda 2 tundi või kuni šokolaad on tahenenud. Lõika 16 2-tolliseks (5 cm) ruuduks.

g) Säilitamine: Hoida õhukindlas pakendis külmkapis kuni 1 nädal.

44.Toffee kringli vardad

KOOSTISOSAD:
- 12 kringli varda
- 1 tass piimašokolaaditükke
- 1/2 tassi iirisetükke
- Erinevad puistad või hakitud pähklid (valikuline)

JUHISED:
a) Vooderda ahjuplaat küpsetuspaberiga.
b) Sulata mikrolaineahjus kasutatavas kausis piimašokolaaditükid 30-sekundiliste intervallidega, vahepeal segades ühtlaseks.
c) Kasta iga kringlipulk sulašokolaadi sisse, lusika abil ühtlaseks katmiseks.
d) Laske üleliigsel šokolaadil maha tilkuda, seejärel asetage kaetud kringlipulk ettevalmistatud küpsetusplaadile.
e) Puista iirisetükid kohe šokolaadikatte peale, vajutades õrnalt kinni.
f) Soovi korral puista peale erinevaid puisteid või hakitud pähkleid, et lisada tekstuuri ja maitset.
g) Pane küpsetusplaat umbes 15 minutiks külmkappi, et šokolaad hanguks.
h) Kui iirise kringli vardad on hangunud, säilitage need toatemperatuuril õhukindlas anumas. Nautige neid magusaid ja soolaseid maiustusi maitsva suupistena!

MAGUSTOIT

45.Kleepuv iirisepuding rummikaramellkastmega

KOOSTISOSAD:
KOOK:
- 170 g võid
- 280 g demerara suhkrut
- 4 muna
- 2 tl vaniljeekstrakti
- 1 ½ spl siirup
- 350g isekerkivat jahu
- 2 tl bikarbonaadi soodat
- 100 ml piima

KARAMELLKASTE:
- 75 g võid
- 1 spl siirup
- 300 g demerara suhkrut
- 300 ml topeltkoort
- 2 spl rummi

JUHISED:
KOOGI VALMISTAMINE:
a) Kuumuta ahi 180°C-ni (350°F). Määri ahjuvorm rasvainega. Piserdage määritud pinnale väike kogus jahu. Liigutage jahu tassi ümber, kattes kõik kohad.
b) Sega kausis või ja demerara suhkur, kuni moodustub murenev segu.
c) Klopi teises kausis lahti munad ja lisa 2 tl vaniljeekstrakti.
d) Lisa munasegu aeglaselt või ja suhkru segule, sega korralikult läbi.
e) Segage 1½ supilusikatäit siirupi, kuni see on täielikult taignasse segunenud.
f) Sega madalas kausis või taldrikus isekerkiv jahu ja bikarbonaatsooda. Lisa taignale vähehaaval jahusegu ja sega sisse.
g) Lisa aeglaselt piim ja sega, kuni moodustub ühtlane tainas. Märkus: ÄRGE voldige üle.
h) Valage tainas ettevalmistatud ahjuvormi, ajage see ühtlaselt laiali.
i) Küpseta eelkuumutatud ahjus 35–65 minutit või kuni kook on kuldpruun ja keskele torgatud hambaork tuleb puhtana välja.
KARAMELLEKASTME VALMISTAMINE:

j) Potis sulatage keskmisel kuumusel või.
k) Sega juurde siirup ja demerara suhkur.
l) Keeda pidevalt segades, kuni suhkur on lahustunud ja segu ühtlane.
m) Valage pidevalt segades järk-järgult sisse topeltkoor.
n) Lase segul aeg-ajalt segades 5-7 minutit podiseda, kuni see veidi pakseneb.
o) Tõsta kastrul tulelt ja sega hulka rumm.

TEENINDAMINE:
p) Lase koogil 30 minutit jahtuda.
q) Serveeri rikkaliku rummikaramellkastmega.
r) Soovi korral serveeri maasikatega.

46. Niiske kleepuv iiris tagurpidi banaanikook

KOOSTISOSAD:
KATTEKS:
- 90 g võid
- 180 g pruuni suhkrut (Demerara suhkur)
- Näputäis soola
- 1 spl siirup
- 2 küpset banaani, viilutatud

KOOGITAIGNA JAOKS:
- 405 g tavalist jahu
- 1 ½ tl soodavesinikkarbonaati
- 300 g pruuni suhkrut
- ½ tl soola
- 2 küpset banaani, püreestatud
- 1 ½ muna (kergelt lahtiklopitud)
- 1 tl vaniljeessentsi
- 90 g petipiima
- ⅓ tassi sulatatud võid
- 1 munakollane
- ⅓ tassi piima

kleepuva TOFFEE KASTE:
- 35 g võid
- 150 g fariinsuhkrut
- 150 ml rasket koort
- 1 spl siirupekaste

JUHISED:
a) Kuumuta ahi 165°C-ni.
b) Määri 9-tolline ümmargune koogivorm korralikult õliga. Kõrvale panema.

VALMISTA KATTINE:
c) Potis sulatage keskmisel kuumusel või.
d) Sega juurde pruuni suhkrut, kuni suhkur on lahustunud ja segu on ühtlane.
e) Lisa sool ja siirup ning sega, kuni kaste on paksenenud.
f) Kalla karamellisegu ettevalmistatud koogivormi, aja see ühtlaselt laiali.

g) Laota viilutatud banaanid karamelli peale. Kõrvale panema.

VALMISTA KOogITAINAS:

h) Sõeluge suures segamiskausis kokku jahu ja soodavesinikkarbonaat.

i) Sega juurde pruun suhkur ja sool. Kõrvale panema.

j) Püreesta teises kausis või kannus küpsed banaanid.

k) Murra munad väikesesse kaussi ja lisa vanilliekstrakt. Klopi korralikult läbi.

l) Lisa lahtiklopitud munasegu, petipiim, sulavõi ja munakollane purustatud banaanidele. Vahusta, kuni see on hästi segunenud.

m) Lisa märjad ained kuivainetele. Voldi segu õrnalt, kuni see on ühtlane.

n) Nirista segusse järk-järgult ⅓ tassi piima, kuni moodustub ühtlane tainas.

o) Vala tainas koogivormi karamelliseeritud banaanikatte peale, aja spaatliga ühtlaselt laiali.

p) Küpseta eelkuumutatud ahjus 45 minutit või kuni koogi keskele torgatud hambaork tuleb puhtana välja.

VALMISTA KLEEPIV TOFFEE KASTE:

q) Väikeses kastrulis sulatage või keskmisel kuumusel.

r) Lisa fariinsuhkur ja kuumuta pidevalt segades, kuni suhkur on lahustunud ja segu on ühtlane.

s) Valage aeglaselt segades, kuni see on hästi segunenud. Sega hulka siirupekaste ja lase küpseda ja vähenda.

t) Kui kook on küpsenud, võta see ahjust välja ja lase 10 minutit vormis jahtuda.

u) Pöörake kook ettevaatlikult serveerimistaldrikule, lastes karamelliseeritud banaanikattel koogi põhjaks saada.

v) Serveeri Moist Sticky Toffee Tagurpidi banaanikook soojalt, niristatud valmistatud kleepuva iirise kastmega.

w) Nautige seda koos lusikatäie jäätisega, et saada eriti meeldiv maiuspala!

47.Kleepuva iirise maitsestatud õunapuding

KOOSTISOSAD:
Vürts-ÕUNA KÄVITSI PUHUL:
- 3 tassi (350 g) universaalset jahu
- 1 ½ tl küpsetuspulbrit
- ½ tl bikarbonaadi soodat
- ½ teelusikatäit soola
- 1 tl kaneeli
- ¾ teelusikatäit pipart
- 1 3/8 tassi (280 g) peent Demerara suhkrut
- ¾ tassi (185 g) võid
- 3 muna
- 2 tl vaniljeessentsi
- ½ tassi (118 ml) hapukoort
- 1 ½ supilusikatäit siirupi
- ½ tassi (118 ml) piima
- 1 õun, kooritud, puhastatud südamikust ja tükeldatud

TOFFIKASTME JAOKS:
- 50 g Võid
- 200 g Demerara suhkrut
- 250 ml Topeltkreem
- 1 õun, kaunistamiseks kuubikutena
- Purustatud pekanipähklid

JUHISED:
Vürts-ÕUNA KÄVITSI VALMISTAMINE:
a) Kuumuta ahi 180°C-ni. Määri Bundti pann võiga. Puista pann jahuga üle, seejärel koputage pannile õrnalt, et jahu ühtlaselt pannile jaotada. Kõrvale panema.
b) Sega kausis universaalne jahu, küpsetuspulber, bikarbonaatsooda, sool, kaneel ja piment. Kõrvale panema.
c) Vahusta suures segamiskausis Demerara suhkur ja või heledaks ja kohevaks vahuks.
d) Murra munad väikesesse kaussi ja lisa vaniljeessents. Klopi korralikult läbi.
e) Sega hulka hapukoor ja siirup, kuni need on hästi segunenud.

f) Vahusta munasegu vähehaaval suhkru-võisegu hulka. Märkus. Segu võib kalgenduda, kuid see on okei; jahu lisamine aitab seda parandada.
g) Sega hulka jahusegu, lisades samal ajal järk-järgult piima. Sega, kuni tainas on ühtlane.
h) Voldi sisse tükeldatud õun, kuni see jaotub ühtlaselt kogu taignas.
i) Vala tainas ettevalmistatud vormi ja aja ühtlaselt laiali.
j) Küpseta eelkuumutatud ahjus 40–45 minutit või kuni keskele torgatud hambaork tuleb puhtana välja.

TOFFEE KASTE VALMISTAMINE:
k) Potis sulata madalal kuumusel või. Lisa 200g Demerara suhkrut ja keeda pidevalt segades, kuni suhkur on lahustunud ja segu ühtlane. Lülitage kuumus välja.
l) Valage pidevalt segades aeglaselt sisse topeltkoor.

KOOSTAMINE:
m) Kui kook on küpsenud, võta see ahjust välja ja lase paar minutit jahtuda.
n) Kalla soe iirisekaste koogi peale, lastes sellel pinnal ühtlaselt katta.
o) Ülejäänud kastmele lisa õunakuubikud. Sega läbi ja lase 3-4 minutit küpseda, kuni see on kergelt pehme.
p) Puista koogi ümber purustatud pekanipähklid, seejärel lisa pehmed iirise õunad.
q) Serveeri Xmas Sticky Toffee Spiced Apple Pudding soojalt, lisa iirisekastmega kõrvale.

48.Karamelli- ja iirisejäätis

KOOSTISOSAD:

- 1 ½ tassi täispiima
- 1 ½ supilusikatäit maisitärklist
- ½ tassi Sweet Marsala veini
- 1 ¼ tassi rasket koort
- 2 spl kerget maisisiirupit
- 4 spl mascarpone juustu, pehmendatud
- ¼ teelusikatäit soola
- ⅔ tassi granuleeritud suhkrut
- ¾ tassi piimašokolaadi iirisetükke, nagu Heathi laastud või tükeldatud Heathi batoon

JUHISED:

a) Mõõda piim välja. Võtke 2 supilusikatäit piima ja segage see maisitärklisega, et tekiks suspensioon, pidevalt vahustades. Kõrvale panema. Lisage piimale Sweet Marsala vein.

b) Mõõda koor välja ja lisa sellele maisisiirup. Lisa mascarpone suurde kaussi ja vispelda hulka sool. Kõrvale panema.

c) Põletatud karamelli valmistamiseks kuumuta suur kastrul keskmisel kuumusel ja lisa suhkur, jälgi, et see oleks ühes kihis ja kata kogu poti põhi. Jälgige suhkrut, kuni see hakkab sulama ja välispind muutub karamelliseks ja sulavaks.

d) Kui keskele on jäänud vaid väike kogus valget suhkrut, kasutage kuumakindlat spaatlit ja kraapige sulanud suhkur külgedelt keskele.

e) Jätkake seda, kuni kogu suhkur on sulanud, ja segage hästi. Jälgige suhkrut, kui see hakkab mullitama, ja kui servad on mullitavad ja eralduvad suitsu ning suhkur muutub tumedaks merevaiguvärviks, eemaldage see tulelt. Ainus viis seda tõeliselt hinnata vahetult enne põletust, on seista ettevaatlikult üleval ja nuusutada/vaadata. Sel minutil, kui tulelt eemaldate, lisage paar supilusikatäit koore/maisisiirupi segu ja vahustage pidevalt, et see seguneks. Lisage järelejäänud koor aeglaselt, pidevalt vahustades.

f) Aseta kastrul tagasi keskmisele kuumusele ja lisa piima/Marsala veinisegu. Kuumuta segu veerevalt keema.

g) Keeda 4 minutit. Eemaldage kuumusest ja vahustage maisitärklise läga hulka, vahustage segades. Asetage uuesti tulele ja küpseta veel 1-

2 minutit, segades spaatliga, kuni see on veidi paksenenud. Vala segu ettevaatlikult suurde kaussi koos mascarponega ja vispelda ühtlaseks.

h) Täitke suur kauss jää ja jääveega, asetades vette avatud gallonisuurune tõmblukuga kott, alt alla. Valage segu ettevaatlikult kotti, suruge õhk välja ja sulgege. Jahuta 30-45 minutit.

i) Pärast jahutamist purustage vastavalt juhistele.

j) Pärast kloppimist määri sügavkülmakindlasse anumasse ja aseta peale jäätise vastu kiletükk. Enne serveerimist külmutada 4-6 tundi. Märkus: see jäätis on pehme!

49.Lemon Ice Brûlée iirisega

KOOSTISOSAD:
- 1 tass rasket koort
- 1 tass täispiima
- 4 munakollast
- ½ tassi granuleeritud suhkrut
- 1 spl riivitud sidrunikoort
- 1 tilk sidruni eeterlikku õli
- ½ tassi iirisetükke
- Granuleeritud suhkur, karamelliseerimiseks
- Vaarikad, serveerimiseks

JUHISED:

a) Kuumuta potis koort, täispiima ja sidrunikoort keskmisel kuumusel, kuni see hakkab podisema. Eemaldage kuumusest.

b) Vahusta eraldi kausis munakollased, suhkur ja sidruni eeterlik õli, kuni need on hästi segunenud.

c) Kalla kuum kooresegu aeglaselt munakollasesegu hulka, pidevalt vispeldades.

d) Vala segu tagasi kastrulisse ja keeda tasasel tulel pidevalt segades, kuni see pakseneb ja katab lusika seljaosa. Ära lase keema.

e) Eemaldage tulelt ja laske segul jahtuda toatemperatuurini. Seejärel tõsta vähemalt 4 tunniks või üleöö külmkappi.

f) Vala jahutatud segu jäätisemasinasse ja klopi vastavalt tootja juhistele.

g) Segamise viimastel minutitel lisage iirisetükid ja jätkake kloppimist, kuni need on ühtlaselt jaotunud.

h) Tõsta klopitud jäätis anumasse ja pane sügavkülma vähemalt 2 tunniks.

i) Vahetult enne serveerimist puista iga portsjoni peale õhuke kiht granuleeritud suhkrut. Karamelliseerige suhkur köögipõleti abil, kuni see moodustab krõbeda kooriku.

j) Lase suhkrul paar minutit taheneda, seejärel serveeri ja naudi.

50.Toffee trühvlid

KOOSTISOSAD:
- 1/2 tassi võid, pehmendatud
- 1/2 tassi iirise küpsetustükke
- 3/4 tassi pakitud fariinsuhkrut
- 1 nael šokolaadikondiitri kate
- 1 tl vaniljeekstrakti
- 21/4 tassi universaalset jahu
- 1 (14 untsi) purk magustatud kondenspiima
- 1/2 tassi miniatuurseid poolmagusaid šokolaaditükke

JUHISED:
a) Lisa suurde kaussi pruun suhkur ja või ning vahusta elektrimikseriga ühtlaseks.
b) Sega juurde vanilliekstrakt.
c) Lisa aeglaselt jahu, vaheldumisi magustatud kondenspiimaga, pärast iga lisamist korralikult läbi klopides.
d) Voldi õrnalt sisse šokolaaditükid ja iirisetükid.
e) Tehke väikese küpsisekulbiga 1-tollised pallid ja asetage need vahatatud paberiga kaetud küpsetusplaatidele.
f) Tõsta umbes 1 tunniks külmkappi.
g) Sulatage šokolaadikate mikrolaineahjus kasutatavas klaasnõus 30-sekundiliste intervallidega, segades pärast iga sulamist umbes 1-3 minutit
h) Kastke tainapallid šokolaadikatte sisse, visake üleliigne ära.
i) Laota vahapaberiga vooderdatud ahjuplaatidele ja puista trühvlid üle täiendavate iirisetükkidega.
j) Külmkapis, kuni see on tahke, umbes 15 minutit. Hoida külmkapis.

51. Miso-karamellipirni kleepuvad iirisekoogid

KOOSTISOSAD:
PIRNI KLEPINGUD TOFFEE KOOGID:
- 1 tass kuivatatud datleid (umbes 6 untsi), kivideta ja jämedalt tükeldatud
- 1 tass universaalset jahu, millele lisandub veel tolmu puhastamiseks
- 1 tl jahvatatud kaneeli
- 3/4 tl küpsetuspulbrit
- 3/4 tl söögisoodat
- 1/2 tl koššersoola
- 3/4 tassi pakendatud helepruuni suhkrut
- 1/4 tassi soolata võid, lisaks veel vormi määrimiseks
- 2 suurt muna
- 2 keskmist Bartlett või Anjou pirni, kooritud, puhastatud südamikust ja lõigatud 1/3-tollisteks tükkideks (umbes 2 tassi)

MISO-KARAMELLKASTE:
- 3/4 tassi soolamata võid (6 untsi)
- 1 tass pakitud helepruuni suhkrut
- 1/2 tassi valget misot (võimaluse korral orgaaniline)
- 1 tass rasket koort

VAHUKOOR:
- 1 tass rasket koort

JUHISED:
VALMISTAGE PIRNIKLEPETUD TOFFEE KOOKID:
a) Kuumuta ahi temperatuurini 350 °F. Määri 12-tassine muffinivorm pehme võiga ja puista jahuga; kõrvale panema.
b) Segage väikeses kastrulis datlid ja 1 tass vett. Kuumuta keskmisel kuumusel keemiseni ja keeda aeg-ajalt segades, kuni datlid on pehmenenud ja suurem osa vedelikust imendunud, umbes 5 minutit. Eemaldage kuumusest ja laske 5 minutit jahtuda. Püreesta segu kartulipuksuri või kahvliga, kuni see on enamjaolt ühtlane; pane see kõrvale.
c) Segage eraldi kausis jahu, kaneel, küpsetuspulber, sooda ja sool; kõrvale panema.

d) Asetage pruun suhkur ja või labakinnitusega segisti kaussi. Vahusta keskmisel-suurel kiirusel, kuni segu muutub heledaks ja kohevaks, selleks peaks kuluma umbes 4–5 minutit.
e) Lisa ükshaaval munad, pärast iga lisamist korralikult vahustades. Kui mikser töötab madalal kiirusel, lisage jahusegu järk-järgult, vahustades, kuni see on segunenud, umbes 1 kuni 2 minutit. Peatuge kindlasti ja kraapige kausi küljed alla vastavalt vajadusele.
f) Sega hulka datlisegu ja sega hulka pirnitükid.
g) Lusikaga taigen ühtlaselt ettevalmistatud muffinivormi, täites iga tassi ülaosast umbes 1/3 tolli kaugusel (igaüks umbes 1/3 tassi). Ülejäänud taigna võite ära visata või salvestada muuks kasutuseks.
h) Küpsetage eelsoojendatud ahjus, kuni kookide keskele torgatud puuots tuleb puhtana välja, selleks peaks kuluma umbes 18–22 minutit.

VALMISTA MISO-KARAMELLKASTE:
i) Sulata või keskmisel kastrulis keskmisel-madalal kuumusel. Lisage pruun suhkur ja miso, vahustage, kuni need lahustuvad, tavaliselt 1–2 minuti jooksul.
j) Klopi juurde rõõsk koor ja lase segul keema tõusta. Küpseta seda pidevalt vispeldades umbes 1 minut. Eemaldage see tulelt ja asetage see hilisemaks kasutamiseks kõrvale.

PÄRAST KOKKUDE KÜPSETAMISE LÕPETAMIST:
k) Tõsta need ahjust välja ja torka kohe puunuia abil kookidele augud.
l) Tõsta iga koogi peale umbes 1 spl miso-karamellkastet.
m) Lase kookidel 20 minutit muffinivormis jahtuda, torka aeg-ajalt lisaauke, et kaste sisse imbuks.

TEE VAHUTOKREEM:
n) Vahusta rõõsk koor vispliga varustatud mikseri kausis keskmisel ja suurel kiirusel, kuni moodustuvad pehmed tipud, tavaliselt 1–2 minuti jooksul.

SERVEERIMA:
o) Kasutage väikest nihkelabidat, et vabastada iga kook muffinivormist.
p) Pöörake koogid üksikutele serveerimistaldrikutele ja valage igaüks peale umbes 1 1/2 supilusikatäit miso-karamellkastet.
q) Serveeri vahukoore ja ülejäänud miso-karamellkastmega. Nautige!

52.Šokolaadi -Mocha iirisküpsised

KOOSTISOSAD:
- 6 untsi soolamata võid, veidi pehmendatud
- 5 ¼ untsi granuleeritud suhkrut
- 6 untsi helepruuni suhkrut
- 2 suurt muna
- 1 tl vaniljeekstrakti
- 11 ¼ untsi pleegitamata universaalset jahu
- 1 tl söögisoodat
- 1 tl soola
- ⅛ tl espressopulbrit
- ¼ tl jahvatatud kaneeli
- 7 untsi kibemagusaid šokolaaditükke
- 7 untsi Mocha laastud
- 3 untsi iirisetükke

JUHISED:
a) Kuumuta oma ahi temperatuurini 350 kraadi F (175 kraadi C).
b) Sega segisti kausis labakinnitust kasutades keskmisel kiirusel umbes kaks minutit kergelt pehmendatud võid, granuleeritud suhkrut ja helepruuni suhkrut, kuni segu on kreemjas ja hästi segunenud.
c) Lisa ükshaaval munad ja klopi iga kord, kuni see on täielikult segunenud.
d) Sega juurde vanilliekstrakt ja klopi, kuni segu on hästi segunenud.
e) Klopi eraldi keskmise suurusega kausis kokku pleegitamata universaalne jahu, söögisooda, sool, espressopulber ja jahvatatud kaneel.
f) Lisa vähehaaval või ja suhkru segule kuivained. Segage esmalt spaatliga ja seejärel lülitage labakinnitisele, segades, kuni kuivained on tainasse segatud.
g) Voldi õrnalt sisse mõrkjasmagusad šokolaaditükid, mokkatükid ja iirisetükid, kuni need jaotuvad ühtlaselt kogu tainas.
h) Vooderda oma küpsetusplaadid küpsetuspaberiga. Kasutades supilusikatäit või tavalist supilusikatäit, visake küpsisetainas küngaste kujul küpsetusplaatidele, asetades need üksteisest umbes kahe tolli vahele.

i) Küpseta küpsiseid ükshaaval eelkuumutatud ahjus umbes 12 minutit või kuni servad on kergelt kuldsed. Kesked peaksid olema veel veidi pehmed.

j) Eemaldage küpsised ahjust ja laske neil restil jahtuda.

k) Pärast jahutamist on need šokolaadimokka-iiriseküpsised nautimiseks valmis. Need on igas suutäies veetlev segu šokolaadist, mokkast ja iirisest!

53.Iirise mokapirukas

KOOSTISOSAD:
KOORIKU KOHTA:
- 1 ½ tassi purustatud šokolaadiküpsiseid (nagu šokolaadi-graham kreekerid või šokolaadivahvlid)
- 6 spl soolata võid, sulatatud

TÄIDISEKS:
- 1 tass rasket koort
- ½ tassi piima
- ¼ tassi granuleeritud suhkrut
- 2 spl lahustuva kohvi graanuleid
- 1 spl maisitärklist
- ¼ teelusikatäit soola
- 4 suurt munakollast
- 1 tl vaniljeekstrakti
- ½ tassi iirisetükke või purustatud iirisekomme

KATTEKS:
- 1 tass rasket koort
- 2 spl tuhksuhkrut
- ½ tl vaniljeekstrakti
- Šokolaadilaastud või kakaopulber kaunistuseks (valikuline)

JUHISED:
a) Kuumuta ahi temperatuurini 350 °F (175 °C).
b) Sega kausis kokku purustatud šokolaadiküpsised ja sulatatud või. Sega, kuni puru on ühtlaselt kaetud.
c) Suru koorekihi moodustamiseks purusegu 9-tollise pirukavormi põhja ja külgedele.
d) Küpseta koorikut eelsoojendatud ahjus umbes 10 minutit. Eemaldage ahjust ja laske täielikult jahtuda.
e) Sega kastrulis koor, piim, granuleeritud suhkur, lahustuva kohvi graanulid, maisitärklis ja sool. Vahusta, kuni kohvigraanulid ja maisitärklis on lahustunud.
f) Asetage kastrul keskmisele kuumusele ja keetke pidevalt segades, kuni segu pakseneb ja kergelt keeb.

g) Eraldi kausis vahusta munakollased. Lisa pidevalt vahustades munakollastele vähehaaval väike kogus kuuma kooresegu. See karastab mune ja hoiab ära nende segamise.

h) Kalla tempereeritud munasegu aeglaselt kastrulisse tagasi, pidevalt vahustades.

i) Jätka segu keetmist keskmisel kuumusel pidevalt segades, kuni see pakseneb pudingitaoliseks konsistentsiks. Eemaldage kuumusest.

j) Sega juurde vaniljeekstrakt ja iirisetükid, kuni need on ühtlaselt jaotunud kogu täidises.

k) Vala täidis jahtunud koore sisse ja aja ühtlaselt laiali.

l) Kata pirukas kilega, tagades, et see puudutaks täidise pinda, et vältida naha moodustumist. Jahuta külmkapis vähemalt 4 tundi või kuni taheneb.

m) Enne serveerimist valmista vahukoorekate. Vahusta segamiskausis koor, tuhksuhkur ja vaniljeekstrakt, kuni moodustuvad pehmed piigid.

n) Määri või tupsuta vahukoor jahtunud pirukale.

o) Valikuline: kaunista šokolaadilaastude või kakaopulbriga.

p) Viiluta ja serveeri iirise mokapirukas ning naudi selle rikkalikke, kreemjaid ja mõnusaid maitseid!

q) See iirise mokkapirukas avaldab kindlasti muljet oma kohvi, iirise ja šokolaadi kombinatsiooniga. See on ideaalne magustoit igaks puhuks või magusaisu rahuldamiseks.

54.Pot de crème roosi ja pistaatsia iirise tükkidega

KOOSTISOSAD:

- ⅔ tassi (100 g) viilutatud pistaatsiapähklit
- ¼ tassi kuivatatud roosi kroonlehti (vt märkust)
- 345 g tuhksuhkrut
- 2 kullatugevat želatiinilehte (vt märkust)
- ¾ tassi (185 ml) piima
- 5 munakollast
- 1 spl roosivett (vt märkust)
- 2 tilka roosat toiduvärvi
- Serveerimiseks 300 ml paksendatud koort, millele lisandub vahukoor
- Pritsimata värsked roosi kroonlehed, kaunistuseks

JUHISED:

a) Sega viilutatud pistaatsiapähklid ja kuivatatud roosi kroonlehed ning laota need ühtlaselt vooderdatud ahjuplaadile.

b) Asetage pannile madalal kuumusel 1 tass (220 g) suhkrut ja ¼ tassi (3 supilusikatäit) vett. Sega, kuni suhkur lahustub. Tõsta kuumust keskmisele tasemele. Küpseta segamata 3-4 minutit kuni helekuldse karamellini. Valage karamell küpsetusplaadil olevatele pähklitele ja kroonlehtedele, seejärel asetage see 15 minutiks kõrvale, et see täielikult jahtuda. Kui karamell on jahtunud, purustage see tükkideks. (Saate seda teha päev ette ja hoida kilde õhukindlas konteineris.)

c) Leota želatiinilehti 5 minutiks külmas vees pehmenema. Samal ajal kuumuta piim pannil keskmisel kuumusel veidi alla keemistemperatuuri.

d) Vahusta kausis munakollased ja ülejäänud 125 g suhkrut kahvatuks. Vispelda vähehaaval juurde piim. Seejärel pange segu madalal kuumusel pannile tagasi, pidevalt segades, kuni see pakseneb piisavalt, et katta lusika seljaosa.

e) Tõsta segu tulelt, pigista želatiinilehtedelt liigne vesi välja ja lisa želatiin piimasegule, sega, kuni see on hästi segunenud. Vala segu läbi sõela kaussi. Sega juurde roosivesi ja toiduvärv. Laske segul 1 tund jahtuda.

f) Vahusta paksenenud koor pehmeks vahuks ja sega ettevaatlikult jahtunud piimasegu hulka, jälgides, et võimalikult palju õhku sisse jääks. Jagage segu kuue 150 ml ramekiini vahel. Jahutage ramekine 4 tundi, kuni kreemid on tahkunud. (Saate need teha päev ette.)

g) Serveeri roosikroonlehtede kreeme, millele on lisatud vahukoort ja suhkrutükke. Kaunista värskete roosi kroonlehtedega.

55. Banoffee kook

KOOSTISOSAD:
BANAANIKOOGI JAOKS:
- 2 tassi universaalset jahu
- 1 ½ teelusikatäit küpsetuspulbrit
- ½ tl söögisoodat
- ¼ teelusikatäit soola
- ½ tassi soolamata võid, pehmendatud
- 1 tass granuleeritud suhkrut
- 2 suurt muna
- 1 tl vaniljeekstrakti
- 3 küpset banaani, purustatud
- ½ tassi petipiima

TOFFEE TÄIDISE KOHTA:
- 1 (14 untsi) purk magustatud kondenspiima
- ½ tassi soolamata võid
- ½ tassi helepruuni suhkrut
- ½ tl vaniljeekstrakti

TOFFEE KRASTUMISE KOHTA:
- 1 ½ tassi soolamata võid, pehmendatud
- 4 tassi tuhksuhkrut
- ¼ tassi iirisekastet (võib olla poest ostetud või omatehtud)
- 1 tl vaniljeekstrakti

VALIKULINE KAITSE:
- Viilutatud banaanid
- Šokolaadilaastud
- Karamellkaste

JUHISED:
BANAANIKOOGI JAOKS:
a) Kuumuta ahi 180 °C-ni (350 °F) ning määri ja jahuga kaks 9-tollist ümmargust koogivormi.
b) Sega keskmises kausis omavahel jahu, küpsetuspulber, sooda ja sool. Kõrvale panema.
c) Vahusta suures segamiskausis pehme või ja granuleeritud suhkur heledaks ja kohevaks vahuks.

d) Lisa ükshaaval munad, pärast iga lisamist korralikult vahustades. Sega juurde vanilliekstrakt.
e) Sega hulka püreestatud banaanid, kuni need on hästi segunenud.
f) Lisa võisegule järk-järgult kuivained, vaheldumisi petipiimaga, alustades ja lõpetades kuivainetega. Sega, kuni see on lihtsalt segunenud.
g) Jaga taigen võrdselt ettevalmistatud koogivormide vahel, silu pealt spaatliga.
h) Küpseta eelkuumutatud ahjus umbes 25-30 minutit või kuni kookide keskele torgatud hambaork tuleb puhtana välja.
i) Eemaldage koogid ahjust ja laske neil 10 minutit vormides jahtuda. Seejärel asetage need restile täielikult jahtuma.

TOFFEE TÄIDISE KOHTA:
j) Sega keskmises kastrulis magustatud kondenspiim, või ja pruun suhkur.
k) Küpseta keskmisel kuumusel pidevalt segades, kuni segu pakseneb ja muutub karamellilaadseks konsistentsiks, umbes 10-15 minutit.
l) Tõsta tulelt ja sega hulka vanilliekstrakt.
m) Enne kasutamist laske iirisetäidisel täielikult jahtuda.

TOFFEE KRASTUMISE KOHTA:
n) Vahusta pehmendatud või suures segamiskausis kreemjaks ja ühtlaseks.
o) Lisa tassi kaupa vähehaaval tuhksuhkur, pärast iga lisamist korralikult kloppides.
p) Sega juurde iirisekaste ja vaniljeekstrakt ning jätka vahustamist, kuni koor on kerge ja kohev.

KOOSTAMINE:
q) Aseta üks banaanikoogikiht serveerimistaldrikule või tordialusele. Määri peale rikkalik kogus iirisetäidist ühtlaselt.
r) Aseta peale teine koogikiht ja määri kogu kook iirise glasuuriga, kasutades sileda lõpptulemuse saamiseks spaatlit või koogi silujat.
s) Valikuline: kaunista kook viilutatud banaanide, šokolaadilaastude ja tilga karamellkastmega, et kaunistada ja maitsestada.
t) Viiluta ja serveeri banoffee kook, maitsestades

56. No-Bake Vodka Toffee Apple Cjuusukook

KOOSTISOSAD:
- 6 punast õuna
- 1 spl sidrunimahla
- 230 g Granthami piparkooke või piparpähkleid
- 60 g võid, sulatatud
- 300 ml topeltkoort
- 50 g tuhksuhkrut
- 150 ml Kreeka jogurtit
- 310g kerget pehmet juustu
- 2 supilusikatäit Toffee Vodka
- 3,5 untsi granuleeritud suhkrut

JUHISED:

a) Koorige 4 õuna ja lõigake need 1 cm tükkideks. Pange klaaskaussi sidrunimahlaga ja mikrolaineahju täisvõimsusel 3 minutit. Sega põhjalikult. Küpseta mikrolaineahjus veel 2–3 minutit, kuni see on mõne väikese tükikesega pehme. Jäta jahtuma.

b) Pruunista küpsised köögikombainis, kuni moodustub peen puru. Lisa või ja hauta segamini. Vooderda lahtise põhjaga 20 cm vormi põhi küpsetuspaberiga. Kalla peale puru ja suru lusikaseljaga lamedaks. Jahutage kuni nõudmiseni. Vooderda vormi küljed pika küpsetuspaberiribaga.

c) Vahusta koor ja tuhksuhkur, kuni moodustuvad pehmed tipud. Pane jogurt, pehme juust, viin ja õunakaste suurde kaussi ning sega õrnalt, kuni segu on ühtlane – ära klopi üle. Sega koor õrnalt sisse. Tõsta lusikaga põhjale, tasanda lusika tagaosaga ja jahuta üleöö.

d) Puhasta südamikud ja viiluta õhukesteks viiludeks viimased 2 õuna. Patsuta köögirulliga kuivaks. Pane köögirull mikrolaineahjuga taldrikule ja lao peale pooled õunaviilud. Mikrolaineahjus 800 W 3 minutit. Pöörake õunaviilud, kuivatage köögirulliga ja küpsetage mikrolaineahjus veel 3 minutit, kuni need muutuvad pehmeks ja peaaegu kuivaks. Tõsta kõrvale ja korda ülejäänud õunaga.

e) Aseta restile küpsetuspaberileht. Pange suhkur ja 4 spl vett väikesele pannile. Kuumuta õrnalt ilma segamata, kuni suhkur sulab. Keeda 3-4 minutit, kuni tekib mesi-kuldne karamell. Tõsta tulelt, lisa ¼ kuivatatud õunast, sega katteks, seejärel tõsta ükshaaval välja, lastes üleliigsel karamellil pannile tagasi tilkuda. Laota küpsetuspaberile.

f) Korrake veel kolm korda. Kui karamell pakseneb, kuumuta õrnalt 20 sekundit.

g) Tõsta juustukook plaadile ja eemalda küpsetuspaber. Laota peale karamellised õunaviilud, soovi korral puista üle purustatud ingveriküpsistele ja serveeri.

57.Toffee Poke kook

KOOSTISOSAD:
- 1 pakk šokolaadikoogi segu (tavalise suurusega)
- 1 purk (17 untsi) scotch -karamelli jäätise kate
- 1 karp (12 untsi) külmutatud vahustatud kate, sulatatud
- 1 tass võid
- 3 tükeldatud nõmmekomme (igaüks 1,4 untsi).

JUHISED:
a) Valmistage ja küpsetage kook vastavalt pakendi juhistele, kasutades võid.
b) Jahuta restil.
c) Torka puulusika varre abil koogi sisse augud. Valage 3/4 tassi karamellikatte aukudesse. Tõsta ülejäänud karamell koogile. Pealt vahustatud kattega. Puista üle kommidega.
d) Enne serveerimist hoia vähemalt 2 tundi külmkapis.

58. Küpsetamatud Banoffee tartletid

KOOSTISOSAD:
ALUSTE KOHTA:
- 1 tass kuivatatud datleid
- ½ tassi jahvatatud mandleid
- ¼ teelusikatäit kaneeli
- 1 tass tooreid india pähkleid

TÄIDISEKS:
- ½ tassi kuivatatud datleid
- ½ tassi maapähklivõid
- ½ tl vanilli
- ¼ tassi kookosõli
- 1 banaan
- ¼ tassi kookoskoort

KATTEKS:
- ½ tassi kookoskoort, jahutatud
- ½ banaani, viilutatud

JUHISED:

VALMISTAGE TARTLETI VONID:

a) Vooderda 6 x 10cm vormi põhi küpsetuspaberiga või 1 x 22cm vormiga.

TEE ALUS:

b) Leota datleid 10 minutit keevas vees, seejärel nõruta.

c) Sega köögikombainis omavahel leotatud datlid, jahvatatud mandlid, kaneel ja toored india pähklid.

d) Segage, kuni see on kleepuv ja hästi segunenud, säilitades teatud tekstuuri. Jaga segu vormide vahel, vajutades seda, et vooderdada mõlema põhi ja küljed. Aseta täidise valmistamise ajaks külmkappi.

VALMISTA TÄIDIS:

e) Leota datleid 10 minutit keevas vees, seejärel kurna.

f) Sega köögikombainis omavahel leotatud datlid, maapähklivõi, vanill, kookosõli, banaan ja kookoskreem. Blenderda ühtlaseks. Tõsta täidis lusikaga hapuvormidesse, silu pealt ära. Aseta sügavkülma vähemalt 2 tunniks või kuni söömiseks valmis.

KOKKU KOKKUVÕTE JA SERVERIDA:

g) Enne serveerimist vahusta jahutatud kookoskreem paksemaks.

h) Tõsta iga tartleti peale lusikatäis vahustatud kookoskreemi.

i) Lõpeta meeldiva lisandina viilutatud banaaniga.

59. Banoffee Ice Cream Sundae

KOOSTISOSAD:

- ½ tassi hakitud pekanipähklit
- 3 supilusikatäit võid
- ½ tassi pakitud tumepruuni suhkrut
- ⅔ tassi rasket koort
- Näputäis soola
- 1 (48 untsi) karp vaniljejäätist
- 4 väikest banaani, viilutatud

JUHISED:

a) Röstige väikeses kuivas kastrulis keskmisel kuumusel hakitud pekanipähklid, kuni need muutuvad lõhnavaks, aeg-ajalt segades. Eemalda pannilt.

VALMISTA KARAMELLKASTE:

b) Kuumuta potis või, tumepruun suhkur, koor ja sool keskmisel kuumusel keema.

c) Keeda 1–2 minutit, aeg-ajalt segades, kuni segu pakseneb ja suhkur on lahustunud. Jahuta kastet veidi.

PÜHAPÄEVAD KOOSTAMINE:

d) Lusikaga lusikaga väike kogus karamellkastet igasse 4 serveerimistassi.
e) Lisa kastme peale lusikatäis vaniljejäätist.
f) Aseta jäätisele viilutatud banaanid.
g) Lisa veel üks kulbitäis vaniljejäätist.
h) Nirista jäätisele veel karamellkastet.
i) Puista peale röstitud pekanipähklid.

60.Brownie Toffee pisiasi

KOOSTISOSAD:
- 1 pakend fudge brownie segu (13-tolline x 9-tolline pann)
- 4 tl lahustuva kohvi graanuleid
- ¼ tassi sooja vett
- 1¾ tassi külma piima
- 1 pakk (3,4 untsi) lahustuvat vaniljepudingi segu
- 2 tassi vahustatud katet
- 1 pakk (11 untsi) vanilje- või valgeid küpsetuslaaste
- 3 tükeldatud nõmmekomme (igaüks 1,55 untsi).

JUHISED:
a) Pruunide valmistamisel ja küpsetamisel järgige pakendi juhiseid. Lahe; viiluta ¾-tolliseks. kuubikud.
b) Sulata kohvigraanulid soojas vees. Vahusta suures kausis pudingisegu ja piim 2 minutit madalal kiirusel; klopi sisse kohvisegu. Voldi sisse vahustatud kate.
c) Laota ½ brownie kuubikud, kompvekibatoonid, vaniljelaastud ja puding 3-kilosesse. tühine klaas/kauss; korda kihte. kate; enne serveerimist vähemalt 1 tund külmkapis.

61. Pähkline Banoffee Bundt kook

KOOSTISOSAD:
- 1 pakk Krusteaz Cinnamon Swirl Crumb kooki ja muffinisegu
- 1 muna
- ⅔ tassi vett
- 1 tl vaniljeekstrakti
- ½ tassi hakitud pekanipähklit
- ¼ tassi iirisetükke
- 2 küpset banaani, püreestatud
- ¼ tassi karamellkastet
- Toiduvalmistamise pihusti

JUHISED:
a) Kuumuta ahi temperatuurini 350 ° F. Määrige 6-tassiline pann kergelt küpsetuspihustiga.
b) Sega kausis koogisegu, muna, vesi, vaniljeekstrakt, ¼ tassi hakitud pekanipähklit, iirisetükid ja purustatud banaanid, kuni need on segunenud. Tainas jääb kergelt tükiline.
c) Tõsta pool taignast lusikaga ettevalmistatud pannile ja määri ühtlaselt laiali. Puista pool kaneelikatte kotist taignale. Tõsta ülejäänud tainas väikeste lusikate kaupa pealiskihile ja määri panni servale. Puista ülejäänud kate ühtlaselt taignale.
d) Küpseta eelkuumutatud ahjus 40–45 minutit või kuni keskele torgatud hambaork tuleb puhtana välja.
e) Jahuta kooki 5-10 minutit. Tõsta koogi ääred võinoaga vormi küljest lahti ja kummuta ettevaatlikult serveerimisvaagnale.
f) Nirista kook üle karamellkastmega ja kaunista ülejäänud hakitud pekanipähklitega.

62. Toffee Crunch Éclairs

KOOSTISOSAD:
CHOUX SAIA JAOKS:
- 1 tass vett
- 1/2 tassi soolamata võid
- 1 tass universaalset jahu
- 4 suurt muna

TÄIDISEKS:
- 2 tassi iirisemaitselist saiakreemi

TOFFEE CRUCH KATTEKS:
- 1 tass iirisetükke või purustatud iirisekommi
- 1/2 tassi hakitud pähkleid (nt mandlid või pekanipähklid)

GLASUURI KOHTA:
- 1/2 tassi tumedat šokolaadi, tükeldatud
- 1/4 tassi soolamata võid
- 1 tass tuhksuhkrut
- 1/4 tassi kuuma vett

JUHISED:
CHOUX KÜPSETIS:
a) Kuumuta ahi temperatuurini 375 °F (190 °C) ja vooderda küpsetusplaat küpsetuspaberiga.
b) Sega kastrulis vesi ja või. Kuumuta keskmisel kuumusel, kuni või sulab ja segu keeb.
c) Eemaldage tulelt, lisage jahu ja segage intensiivselt, kuni segu moodustab palli.
d) Lase tainal mõni minut jahtuda, seejärel lisa ükshaaval munad, iga lisamise järel korralikult kloppides.
e) Tõsta tainas torukotti ja piibu ekleerid ettevalmistatud küpsetusplaadile.
f) Küpseta umbes 30 minutit või kuni kuldpruunini. Lase jahtuda.

TÄITMINE:
g) Valmista iirisemaitseline kondiitrikreem. Klassikalisele kondiitrikreemi retseptile võid lisada iiriseekstrakti või purustatud iirisetükke või kasutada eelnevalt valmistatud iirisemaitselist kondiitrikreemi.

h) Täida ekleerid iirisemaitselise kondiitrikreemiga, kasutades torukotti või väikest lusikat.

TOFFEE CRUNCH TOPPING:
i) Sega kausis kokku iirisetükid ja hakitud pähklid.
j) Piserdage iiriskrõbina katet täidetud ekleeridega, tagades ühtlase katvuse.

GLASE:
k) Sulata kuumakindlas kausis topeltkatla kohal tume šokolaad ja või.
l) Tõsta tulelt, lisa tuhksuhkur ja sega järk-järgult kuumas vees ühtlaseks massiks.
m) Kasta iga ékleeri ülaosa tumeda šokolaadi glasuuri sisse, tagades ühtlase katvuse. Laske üleliigsel maha tilkuda.
n) Aseta glasuuritud ekleerid alusele ja lase jahtuda, kuni šokolaad on tahenenud.
o) Serveeri jahutatult ning naudi Toffee Crunch Éclairs'i magusat ja krõmpsuvat headust!

63.Iirise maapähklivõi küpsised

KOOSTISOSAD:

- 1 küps banaan, purustatud
- 1/4 tassi kreemjat maapähklivõid
- 1/4 tassi mett
- 1 tl vaniljeekstrakti
- 1 tass vanaaegset kaera
- 1/4 tassi iirisetükke
- 1/4 tassi hakitud pähkleid (nagu mandlid või pekanipähklid)

JUHISED:

a) Kuumuta ahi temperatuurini 350 °F (175 °C) ja vooderda küpsetusplaat küpsetuspaberiga.

b) Segage suures segamiskausis püreestatud banaan, maapähklivõi, mesi ja vaniljeekstrakt ühtlaseks massiks.

c) Segage kaer, iirisetükid ja hakitud pähklid, kuni need on hästi segunenud.

d) Tõsta lusikatäied küpsisetainast ettevalmistatud küpsetusplaadile, asetades need üksteisest umbes 2 tolli kaugusele.

e) Tasandage iga küpsis lusikaseljaga veidi.

f) Küpseta 12-15 minutit või kuni servad on kuldpruunid.

g) Lase küpsistel mõni minut küpsetusplaadil jahtuda, enne kui tõstad need restile täielikult jahtuma.

h) Nautige neid tervislikke ja maitsvaid iirise hommikusöögiküpsiseid kaasavõetava hommikusöögivalikuna!

64.Inglise Toffee

KOOSTISOSAD:
- 1 tass võid
- 1 ¼ tassi valget suhkrut
- 2 spl vett
- ¼ tassi tükeldatud mandleid
- 1 tass šokolaaditükid

JUHISED:
a) Määri võiga 10x15-tolline tarretisrullpann.
b) Sulata või raskel pannil keskmisel kuumusel. Sega juurde suhkur ja vesi. Kuumuta keemiseni ja lisa mandlid. Küpseta pidevalt segades, kuni pähklid on röstitud ja suhkur kuldne. Valage segu ettevalmistatud pannile; ära levita.
c) Puista peale kohe šokolaaditükid. Lase minut seista, seejärel määri pealt šokolaadiga. Lase täielikult jahtuda, seejärel lõika tükkideks.

65.lirise koorepirukas

KOOSTISOSAD:
- 1-1/2 tassi pool ja pool koort
- 1 pakk (3,4 untsi) lahustuvat vaniljepudingi segu
- 6 nõmmekomme (igaüks 1,4 untsi), tükeldatud
- 1 karp (8 untsi) külmutatud vahustatud kate, sulatatud, jagatud
- 1 šokolaadipuru koorik (9 tolli)

JUHISED:
a) Sega pudingisegu koorega suures kausis 2 minutit. Laske 2 minutit seista. kuni osalise tardumiseni. Klopi sisse 1 tass hakitud kommi. Voldi sisse 2 tassi vahustatud katet. Vala peale koorik.

b) Määri pealt ülejäänud vahustatud kattega ja nirista peale ülejäänud kommid. Külmutage kaanega vähemalt 4 tundi, kuni see on tahke.

66.Toffee fondüü

KOOSTISOSAD:
- 1 pakk Kraft karamelle (suur)
- ¼ tassi piima
- ¼ tassi kanget musta kohvi
- ½ tassi piimašokolaaditükke --
- Õunaviilud
- Banaani tükid
- Vahukommid
- Inglitoidukook – 1 tollised kuubikud

JUHISED:
a) Asetage karamell, piim, kohv ja šokolaaditükid topeltboileri peale; keeda segades keeva vee kohal, kuni see on sulanud ja segunenud. Aseta fondüü potti.

b) Oda puuviljad, vahukommid ja kook fondüü kahvlitel; kasta fondüüsse.

67. Espresso-iirise krõmps Semifreddo

KOOSTISOSAD:
- 4 munakollast
- ½ tassi granuleeritud suhkrut
- 1 tass rasket koort
- ¼ tassi kanget espressot, jahutatud
- ½ tassi iirisetükke
- ¼ tassi purustatud šokolaadiga kaetud espressoube (kaunistuseks)

JUHISED:
a) Vahusta suures segamiskausis munakollased ja suhkur kahvatuks ja kreemjaks vahuks.
b) Vahusta koor eraldi kausis, kuni moodustuvad pehmed tipud.
c) Sega keedetud espresso ja iirisetükid õrnalt vahukoore hulka.
d) Lisa vahukoore segu vähehaaval munakollasesegule, sega ettevaatlikult kokku, kuni see on hästi segunenud.
e) Vala segu leivavormi või üksikutesse ramekiinidesse ja puista peale purustatud šokolaadiga kaetud espressoube.
f) Külmutage vähemalt 6 tundi või üleöö.
g) Serveerimiseks võta sügavkülmast välja ja lase enne viilutamist paar minutit toatemperatuuril seista.

68.Kohvi-iirise parfeed

KOOSTISOSAD:
- 3 tassi kohvi jääpiima

TOFFEE CRUCH
- 6 spl Külmutatud vähendatud kalorsusega vahustatud kate, sulatatud
- ½ tassi Tugevalt pakitud tumepruuni suhkrut
- ¼ tassi viilutatud mandleid
- 2 tl Pulgamargariini, pehmendatud
- Köögiviljade keetmissprei

JUHISED:
a) Lusikatäis ¼ tassi kohvijääpiima igasse kuue parfee klaasi ja valage igasse klaasi 2 supilusikatäit toffee crunchi.
b) Korrake kihte ja pange iga parfee peale 1 supilusikatäis vahustatud katet. Külmuta kuni serveerimiseks valmis. Valmistab: 6 portsjonit.

TOFFEE KRÕPSUKS:
c) Kombineeri köögikombainis suhkur, mandlid ja margariin ning vahusta 10 korda või kuni pähklid on peeneks hakitud. Suru segu küpsetuspritsiga kaetud ahjuplaadile 7-tolliseks ringiks.
d) Keeda 1 minut, kuni see on mullitav, kuid mitte kõrbenud. Eemaldage ahjust ja laske 5 minutit seista. Pöörake iiris ettevaatlikult laia spaatliga ümber ja prae veel minut aega.
e) Eemaldage ahjust, laske jahtuda. Murdke iirisegu ½-tollisteks tükkideks.

69. Iirise leivapuding

KOOSTISOSAD:
- 6 tassi kuubikuteks lõigatud päevavanust leiba
- 2 tassi piima
- 1/2 tassi rasket koort
- 3 suurt muna
- 1/2 tassi granuleeritud suhkrut
- 1 tl vaniljeekstrakti
- 1/2 tassi iirisetükke
- Serveerimiseks karamellkaste

JUHISED:
a) Kuumuta ahi temperatuurini 350 °F (175 °C) ja määri 9x13-tolline küpsetusvorm.
b) Asetage kuubikuteks lõigatud leib ettevalmistatud ahjuvormi.
c) Vahusta segamisnõus piim, koor, munad, suhkur ja vaniljeekstrakt, kuni see on hästi segunenud.
d) Valage piimasegu leivakuubikutele, tagades, et kogu leib on kaetud.
e) Puista iirisetükid ühtlaselt peale.
f) Laske leivapudingul umbes 15 minutit seista, et leib imab vedelikku.
g) Küpseta 35-40 minutit või kuni puding on tahenenud ja pealt kuldpruun.
h) Serveeri soojalt, peale niristatud karamellkastmega. Nautige seda lohutavat iirise-leivapudingit veetleva magustoiduna!

70.Toffee-juustukoogibatoonid

KOOSTISOSAD:
- 2 tassi grahami kreekeripuru
- 1/2 tassi soolata võid, sulatatud
- 16 untsi toorjuustu, pehmendatud
- 1/2 tassi granuleeritud suhkrut
- 2 suurt muna
- 1 tl vaniljeekstrakti
- 1/2 tassi iirisetükke

JUHISED:
a) Kuumuta ahi temperatuurini 350 °F (175 °C) ja vooderda 8x8-tolline küpsetusvorm küpsetuspaberiga.
b) Segage segamisnõus Grahami kreekeripuru ja sulatatud või, kuni need on hästi segunenud.
c) Suru segu ühtlaselt ettevalmistatud ahjuvormi põhja, et tekiks koorik.
d) Vahusta teises kausis toorjuust ja suhkur ühtlaseks ja kreemjaks vahuks.
e) Lisa ükshaaval munad, pärast iga lisamist korralikult vahustades. Sega juurde vanilliekstrakt.
f) Voldi iirisetükid sisse, kuni need on segus ühtlaselt jaotunud.
g) Vala toorjuustusegu Grahami kreekerikoorele ja aja ühtlaselt laiali.
h) Küpsetage 25-30 minutit või kuni servad on hangunud ja keskosa kergelt tõmbunud.
i) Enne ruutudeks viilutamist laske juustukoogibatoonidel ahjuvormis täielikult jahtuda. Nautige neid rikkalikke ja kreemjaid toffee juustukoogibatoone dekadentliku maiuspalana!

71. Toffee Apple Crisp

KOOSTISOSAD:
- 4 tassi viilutatud õunu (nt Granny Smith või Honeycrisp)
- 1 spl sidrunimahla
- 1/2 tassi granuleeritud suhkrut
- 1/4 tassi universaalset jahu
- 1/2 tl jahvatatud kaneeli
- 1/4 tl jahvatatud muskaatpähklit
- 1 tass vanaaegset kaera
- 1/2 tassi universaalset jahu
- 1/2 tassi pakitud pruuni suhkrut
- 1/4 tassi iirisetükke
- 1/2 tassi soolata võid, sulatatud

JUHISED:
a) Kuumuta ahi temperatuurini 350 °F (175 °C) ja määri 9x9-tolline küpsetusvorm rasvaga.
b) Viska suures kausis viilutatud õunad sidrunimahlaga, kuni need on kaetud.
c) Segage eraldi kausis granuleeritud suhkur, 1/4 tassi jahu, kaneel ja muskaatpähkel. Lisa see segu õuntele ja viska katteks.
d) Laota õunasegu ühtlaselt ettevalmistatud ahjuvormi.
e) Segage segamiskausis kaer, 1/2 tassi jahu, pruun suhkur ja iirisetükid. Sega sulatatud või murenemiseni.
f) Puista kaerasegu ühtlaselt ahjuvormi õuntele.
g) Küpseta 35–40 minutit või kuni kate on kuldpruun ja õunad pehmed.
h) Serveeri soojalt koos vaniljejäätise või vahukoorega. Nautige seda lohutavat Toffee Apple Crispi maitsva magustoiduna!

72. Toffee Banana Split

KOOSTISOSAD:
- 2 küpset banaani
- 2 lusikatäit vaniljejäätist
- Šokolaadikaste
- Karamellkaste
- Vahukoor
- Maraschino kirsid
- Toffee tükid

JUHISED:
a) Koori banaanid ja lõika igaüks pikuti pooleks.
b) Aseta banaanipoolikud serveerimisnõusse või paati.
c) Täida iga banaanipool lusikatäie vaniljejäätisega.
d) Nirista üle šokolaadikastme ja karamellkastmega.
e) Kaunista vahukoore, maraschino kirsside ja iirisetükkidega.
f) Serveerige kohe ja nautige seda mõnusat Toffee Banana Splitit klassikalise magustoiduna, millel on hõrgu nipid!

73.Toffee pekanipähkli pirukas

KOOSTISOSAD:
- 1 küpsetamata pirukakoorik (omatehtud või poest ostetud)
- 3 suurt muna
- 1 tass maisisiirupit
- 1 tass granuleeritud suhkrut
- 2 spl soolata võid, sulatatud
- 1 tl vaniljeekstrakti
- Näputäis soola
- 1 tass hakitud pekanipähklit
- 1/2 tassi iirisetükke

JUHISED:
a) Kuumuta ahi temperatuurini 350 °F (175 °C) ja aseta küpsetamata pirukakoor 9-tollisse pirukavormi.
b) Klopi segamisnõus lahti munad. Lisa maisisiirup, suhkur, sulatatud või, vaniljeekstrakt ja sool ning sega ühtlaseks.
c) Segage hakitud pekanipähklid ja iirisetükid, kuni need on ühtlaselt jaotunud.
d) Vala segu pirukapõhjale.
e) Küpseta 50–60 minutit või kuni täidis on tahenenud ja koorik on kuldpruun.
f) Enne viilutamist ja serveerimist lase pirukal täielikult jahtuda. Nautige seda dekadentlikku toffee-pekanipähklipirukat meeldiva magustoiduna igaks juhuks!

MAITSED

74. Iirisevõi

KOOSTISOSAD:
- 1/2 tassi soolamata võid, pehmendatud
- 2 spl tuhksuhkrut
- 1/4 tassi iirisetükke

JUHISED:

a) Vahusta segamisnõus pehme või ühtlaseks ja kreemjaks.

b) Lisa tuhksuhkur ja klopi ühtlaseks massiks.

c) Voldi iirisetükid õrnalt sisse, kuni need on ühtlaselt jaotunud.

d) Viige iirisevõi serveerimisnõusse või vormige kilega palk.

e) Serveeri iirisevõid röstsaiadel, muffinitel, skoonidel või pannkookidel, et saada rikkalikku ja mõnusat määret.

75. lirise vanilje glasuur

KOOSTISOSAD:
- 1½ tassi soolata võid, pehmendatud
- 4 tassi tuhksuhkrut
- ¼ tassi iirisekastet (võib olla poest ostetud või omatehtud)
- 1 tl vaniljeekstrakti

JUHISED:
a) Vahusta suures segamiskausis pehme või kreemjaks ja ühtlaseks massiks.
b) Lisa tassi kaupa järk-järgult tuhksuhkur, pärast iga lisamist korralikult pekstes.
c) Sega juurde iirisekaste ja vaniljeekstrakt ning jätka vahustamist, kuni koor on kerge ja kohev.

76. Toffee kaste

KOOSTISOSAD:

- 1 tass rasket koort
- 1/2 tassi soolamata võid
- 1 tass pruuni suhkrut
- 1/4 tassi iirisetükke

JUHISED:

a) Sega kastrulis keskmisel kuumusel raske koor, soolata või ja pruun suhkur.

b) Sega pidevalt, kuni või on sulanud ja suhkur lahustunud.

c) Kuumuta segu õrnalt keemiseni, seejärel alanda kuumust madalale.

d) Hauta aeg-ajalt segades 5–7 minutit, kuni kaste veidi pakseneb.

e) Eemaldage tulelt ja segage iirisetükid, kuni need on sulanud ja segunenud.

f) Enne serveerimist lase iirisekastmel veidi jahtuda. Nirista üle jäätisele, pannkookidele, vahvlitele või magustoitudele dekadentliku puudutuse saamiseks.

77. Toffee vahukoor

KOOSTISOSAD:

- 1 tass rasket koort
- 2 spl tuhksuhkrut
- 1 tl vaniljeekstrakti
- 1/4 tassi iirisetükke

JUHISED:

a) Vahusta segamiskausis koor, tuhksuhkur ja vaniljeekstrakt, kuni moodustuvad pehmed piigid.

b) Voldi iirisetükid õrnalt sisse, kuni need on ühtlaselt jaotunud.

c) Kasutage iirise vahukoort kuuma kakao, kohvi, magustoitude või puuviljade lisamiseks kreemja ja maitsva lisandi saamiseks.

78.Toffee toorjuustumääre

KOOSTISOSAD:
- 8 untsi toorjuustu, pehmendatud
- 1/4 tassi tuhksuhkrut
- 1 tl vaniljeekstrakti
- 1/4 tassi iirisetükke

JUHISED:
a) Vahusta segamisnõus pehme toorjuust ühtlaseks ja kreemjaks vahuks.
b) Lisa tuhksuhkur ja vaniljeekstrakt ning klopi ühtlaseks massiks.
c) Voldi iirisetükid õrnalt sisse, kuni need on ühtlaselt jaotunud.
d) Määri toffee-toorjuustu bagelitele, röstsaiadele, muffinitele või kreekeritele, et saada magus ja kreemjas kate.

79. Iirise infundeeritud mesi

KOOSTISOSAD:
- 1 tass mett
- 1/4 tassi iirisetükke

JUHISED:

a) Kuumuta väikeses potis mesi tasasel tulel, kuni see on läbi soojenenud.

b) Segage iirisetükke, kuni need hakkavad sulama ja imbuvad mee sisse.

c) Eemaldage kuumusest ja laske veidi jahtuda enne purki või anumasse viimist.

d) Kasutage iirisega infundeeritud mett tee magustamiseks, niritage jogurtile või kaerahelbetele või kasutage glasuurina röstitud köögiviljade või liha jaoks.

80. Irise glasuur

KOOSTISOSAD:
- 1 tass tuhksuhkrut
- 2 spl piima või koort
- 1/4 tl vaniljeekstrakti
- 2 supilusikatäit iirisetükke

JUHISED:
a) Vahusta kausis tuhksuhkur, piim või koor ja vaniljeekstrakt ühtlaseks massiks.
b) Segage iirisetükid ühtlaselt jaotumiseni.
c) Nirista glasuuri kookidele, koogikestele, muffinitele või kaneelirullidele, et saada magus ja maitsev kate.

81. Toffee siirup

KOOSTISOSAD:
- 1 tass vett
- 1 tass granuleeritud suhkrut
- 1/4 tassi iirisetükke

JUHISED:
a) Sega kastrulis vesi ja granuleeritud suhkur. Kuumuta keskmisel kuumusel aeg-ajalt segades, kuni suhkur lahustub.
b) Kui suhkur on lahustunud, alanda kuumust ja hauta 5–7 minutit, kuni siirup veidi pakseneb.
c) Eemaldage tulelt ja segage iirisetükid, kuni need sulavad ja imbuvad siirupisse.
d) Enne pudelisse või purki viimist laske iirisisiirupil jahtuda. Kasutage seda kohvi, kokteilide magustamiseks või pannkookide või prantsuse röstsaia peale niristamiseks.

82. lirise kreem

KOOSTISOSAD:
- 1 tass rasket koort
- 2 spl tuhksuhkrut
- 1/4 tassi iirisetükke

JUHISED:

a) Vahusta segamisnõus koor ja tuhksuhkur, kuni moodustuvad pehmed piigid.

b) Voldi iirisetükid õrnalt sisse, kuni need on ühtlaselt jaotunud.

c) Serveeri iirisekreemi koos pirukate, küpsetiste või magustoitude kõrvale, et saada imal ja kreemjas lisandiks.

83. lirise pannkoogikaste

KOOSTISOSAD:
- 1/2 tassi vahtrasiirupit
- 2 spl iirisekastet (iirikastme retsepti järgi)

JUHISED:
a) Kuumuta väikeses potis vahtrasiirup tasasel tulel soojaks.
b) Segage iirisekaste, kuni see on täielikult segunenud.
c) Eemaldage kuumusest ja laske veidi jahtuda.
d) Valage iirise pannkoogikaste pannkookidele või vahvlitele magusaks ja mõnusaks hommikusöögiks.

JOOGID

84. Toffee Milkshake

KOOSTISOSAD:
- 2 lusikatäit vaniljejäätist
- 1/2 tassi piima
- 1/4 tassi iirisekastet (vt retsepti ülalt)
- Vahukoor
- Kaunistuseks iirisetükid

JUHISED:
a) Sega segistis vanillijäätis, piim ja iirisekaste.
b) Blenderda ühtlaseks ja kreemjaks.
c) Valage piimakokteil klaasi.
d) Määri pealt vahukoorega ja puista peale iirisetükikesi.
e) Nautige seda mõnusat ja kreemjat Toffee piimakokteili!

85.lirise jäätee

KOOSTISOSAD:
- 1 tass keedetud musta teed, jahutatud
- 1/4 tassi iirise siirupit
- Jääkuubikud
- Kaunistuseks sidruniviilud

JUHISED:
a) Täida klaas jääkuubikutega.
b) Valage klaasi keedetud must tee.
c) Segage iirise siirup, kuni see on hästi segunenud.
d) Kaunista sidruniviiludega.
e) Nautige seda värskendavat ja õrnalt magusat iirise jääteed!

86. Banoffee Frappuccino

KOOSTISOSAD:
- 1 tass keedetud kohvi, jahutatud
- ½ tassi piima (piima- või taimne)
- 2 küpset banaani, külmutatud
- 2 spl iirise siirupit
- Katteks vahukoor
- Kaunistuseks purustatud iirisetükid

JUHISED:
a) Segage segistis jahutatud keedetud kohv, piim, külmutatud banaanid ja iirisisiirup.
b) Blenderda ühtlaseks ja kreemjaks.
c) Valage klaasi, valage peale vahukoor ja kaunistage purustatud iirisetükkidega.

87.Banoffee kohvismuuti

KOOSTISOSAD:
- 1 küps banaan, külmutatud
- 1 tass külmpruulitud kohvi
- ½ tassi piima (piima- või taimne)
- 2 spl iirise siirupit
- 1 spl mandlivõid
- Jääkuubikud
- 1 tl kakaopulbrit

JUHISED:
a) Sega segistis külmutatud banaan, külmpruulitud kohv, piim, iirisesiirup ja mandlivõi.
b) Blenderda ühtlaseks.
c) Lisa jääkuubikud ja blenderda uuesti, kuni saavutad soovitud konsistentsi.
d) Vala klaasi ja soovi korral nirista peale ekstra iirisisiirupit ja kakaopulbrit.

88. Banoffee valgu smuuti

KOOSTISOSAD:
- 1 küps banaan
- ½ tassi vanilje valgupulbrit
- ¼ tassi iirisekastet
- 1 tass mandlipiima
- Jääkuubikud

JUHISED:
a) Segage küps banaan, vaniljevalgupulber, iirisekaste, mandlipiim ja jääkuubikud hästi segunemiseni.
b) Vala klaasi ja naudi seda proteiinist pakatavat Banoffee smuutit.

89.Banoffee Blitz kokteil

KOOSTISOSAD:
- 1 unts (30 ml) vürtsitatud rumm
- 1 unts (30 ml) Butterscotch Schnapps
- 1 unts (30 ml) soolatud karamelli siirupit
- 1 ½ untsi (45 ml) piima
- ½ banaani
- Jää

JUHISED:
a) Segage segistis 1 unts vürtsitatud rummi, 1 unts Butterscotch Schnappsi, 1 unts soolakaramelli siirupit, 1,5 untsi piima ja pool banaani.
b) Lisa blenderisse peotäis jääd.
c) Sega kõik koostisained ühtlaseks ja kreemjaks konsistentsiks.
d) Valage kokteil teie valitud klaasi või serveerimisnõusse.
e) Kaunista vahukoore, puista jahvatatud kaneeli ja vahtbanaaniga.
f) Serveeri ja naudi oma maitsvat Banoffee Blitz kokteili!

90.Odravein ja iiris

KOOSTISOSAD:
- Odravein Ale
- Toffee-Tastic küpsis

JUHISED:
a) Lisage Prantsuse ajakirjandusse peotäis küpsiseid.
b) Valage peale 12 untsi odraveini ja laske 3 minutit tõmmata, seejärel vajutage filter alla ja serveerige.
c) Käivitage see läbi mõne täiendava võrgusilma, kuna küpsis oli selle puhul oluline. Võib-olla lase sellel kauem puhata, kui soovite, et küpsis tuleks nii nagu ette nähtud.

91. Crème Brûlée Boba tee iirisega

KOOSTISOSAD:
CRÈME BRÛLÉE PUDDING
- 2 supilusikatäit granuleeritud suhkrut
- 2 suurt munakollast
- 1 tass rasket koort
- ½ tl vaniljeekstrakti

PRUUN SUHKRU BOBA
- ½ tassi boba
- 3 spl pruuni suhkrut
- 1 näputäis koššersoola

HOJICHA BOBA TEE
- 2 tassi piima
- 3 hojicha teepakki
- 2 supilusikatäit granuleeritud suhkrut
- 1 näputäis koššersoola

KOOSTAMINE
- Jää
- ¼ tassi purustatud iirisetükke

JUHISED:
CRÈME BRÛLÉE PUDDING
a) Eelmisel õhtul, kui soovite oma Boba teed juua, valmistage crème Brûlée, seejärel jahutage üleöö.
b) Kuumuta oma ahi 250 F-ni.
c) Vahusta keskmises kausis suhkur ja munakollased ühtlaseks massiks. Lisa koor ja vaniljeekstrakt ning sega ühtlaseks.
d) Asetage 1 ½ tassi mahutav ahjukindel anum piisavalt kõrgete külgedega küpsetuspannile, et vett saaks valada umbes poole mahutini.
e) Keeda keskmise poti jagu vett.
f) Vala vanillikaste segu ahjukindlasse anumasse. Avage ahi ja tõmmake ahjurest veidi välja, seejärel asetage küpsetuspann restile.
g) Valage keev vesi ettevaatlikult küpsetuspannile, jälgides, et vesi ei pritsiks vanillikaste. Jätkake keeva vee valamist, kuni see jõuab vanillikaste tasemeni või on sellest veidi kõrgem. Lükake ahjurest õrnalt tagasi sisse ja sulgege ahi.

h) Küpseta 35-40 minutit või kuni vanillikaste on tahenenud. Kui see tundub vedel, küpseta veel 5 minutit ja kontrolli siis uuesti. See peaks olema keskelt õõtsuv, kuid mitte vedel.

i) Eemaldage vanillikaste veevannilt, seejärel laske toatemperatuuril jahtuda. Pane külmkappi jahtuma.

PRUUN SUHKRU BOBA

j) Lase keskmises potis vett keema, seejärel lisa boba ja alanda keema. Küpseta, kuni see on läbipaistev ja pehme. Ajastus sõltub sellest, millist boba teil on, seega kontrollige pakendit.

k) Nõruta boba, seejärel sega juurde fariinsuhkur ja sool. Lase jahtuda.

HOJICHA Boba tee

l) Kuumuta piim aurutamiseni.

m) Lisa teekotid. Hauta teed 15 minutit, seejärel lisa suhkur ja näputäis soola. Pigista teepakkidest Boba tee sisse liigne vedelik ja visake teekotid ära.

n) Hoia külmkapis kuni jahtumiseni ja hoia serveerimiseni külmkapis.

KOOSTAMINE

o) Täida 4 klaasi pooleldi jääga. Jaga boba ja Boba tee klaaside vahel ning sega kõik läbi. Pange igasse tassi suur lusikatäis crème Brûlée'd ja lisage sellele iirisetükid. Serveeri külmalt!

92. Toffee Nut Latte

KOOSTISOSAD:
- 1 amps espressot
- 1 tass aurutatud piima
- 2 spl iirise pähklisiirupit

JUHISED:
a) Valmistage espressot.
b) Aurutage piim vahuseks.
c) Sega juurde iirise pähklisiirup.
d) Valage espresso tassi, valage peale aurutatud piim ja segage.

93.Toffee vene

KOOSTISOSAD:
- 1 1/2 untsi viina
- 1/2 untsi kohvilikööri
- 1/2 untsi iirise likööri
- 1 unts koort või piima
- Jääkuubikud

JUHISED:
a) Täida klaas jääkuubikutega.
b) Valage klaasi viin, kohviliköör, iirise liköör ja koor või piim.
c) Sega, kuni see on hästi segunenud.
d) Nautige seda kreemjat ja dekadentlikku Toffee Russian!

94.Banoffee Pie Martini

KOOSTISOSAD:
- 1½ untsi (45 ml) banaanilikööri
- 1 unts (30 ml) karamelliviin
- 1 unts (30 ml) Iiri koorelikööri (nagu Baileys)
- 1 unts (30 ml) pool ja pool (pool piima, pool koort)
- Jää
- Kaunistuseks vahukoor
- Niristamiseks karamellkaste

JUHISED:
a) Täida kokteilišeiker jääga.
b) Lisage shakerisse banaaniliköör, karamelliviin, iiri kooreliköör ja pool ja pool.
c) Loksutage hästi, kuni segu on jahtunud.
d) Kurna martini jahutatud martiniklaasi.
e) Kaunista täpi vahukoore ja tilga karamellkastmega.
f) Serveeri kohe ja naudi oma Banoffee Pie Martinit!

95. Banoffee vanamoodne

KOOSTISOSAD:
- 40 ml tume rumm
- 20 ml vürtsidega rummi
- 15 ml banaanilikööri
- 7½ ml mee siirupit
- 1 tilk Angostura bitterit
- 1 näputäis šokolaadimõru

JUHISED:
a) Täida kiviklaas jääga.
b) Valage kõik koostisosad klaasi ja segage.
c) Kaunista banaanilaastudega.
d) Nautige oma Banoffee Old Fashioned kokteili!

96.Banoffee piimakokteil

KOOSTISOSAD:
- 1 tl taimeõli
- 1 supilusikatäis poputatud maisi
- ⅓ tassi karamellkastet
- 100 g tumedat šokolaadi, sulatatud
- 2 küpset banaani
- 2 lusikatäit vaniljejäätist
- 1 ½ tassi piima
- Konserveeritud vahukoor, serveerimiseks
- Kaunistuseks tavaline kringel
- Kaunistuseks šokolaadikringlid
- 20 g tumedat šokolaadi riivituna

JUHISED:

a) Kuumuta keskmisel kastrulis kõrgel kuumusel õli. Lisa hüppav mais.

b) Küpseta kaanega pannil raputades 3–4 minutit või kuni hüppamine lakkab. Eemaldage kuumusest.

c) Puista peale soola ja lisa 1 spl karamellkastet. Katmiseks segage. Tõsta kõrvale jahtuma.

d) Vala sulatatud šokolaad 4 x 300 ml klaasi sisse ja pintselda kergelt ümber klaaside servad.

e) Sega banaan, jäätis, piim ja 2 supilusikatäit karamellkastet ühtlaseks ja vahutavaks massiks. Valage ettevalmistatud klaasidesse. Kõige peale vahukoor. Asetage kringlid ümber klaasi ülaosa.

f) Puista peale karamellist popkorni ja riivitud šokolaadi. Serveeri kohe.

97.Banoffee pirukakokteil

KOOSTISOSAD:
- 1 banaan
- 2 untsi banaanirummi
- 2 untsi pool ja pool
- 2 supilusikatäit Dulce de Leche
- Jää

JUHISED:
a) Blenderis lisa banaan.
b) Järgmisena lisa Banana Rum.
c) Lisa pool ja pool.
d) Lisage Dulce de Leche.
e) Sega koostisained ja lisa soovi korral jääd.

98.Banoffee pirukas Frappe

KOOSTISOSAD:
- 3 kuhjaga teelusikatäit linnasepiima
- 1 lusikas vaniljejäätist
- 200 ml piima
- 1 banaan + 2 viilu katteks
- 20 ml karamellkastet
- 1 murendatud biskviit
- Näputäis kaneeli
- Jääkuubikud

JUHISED:
a) Asetage piim, linnasepiim, banaan, jäätis ja jääkuubikud kannmikserisse.
b) Blits täiskiirusel, et saada ühtlane kreemjas jook.
c) Valage frappe oma lemmikklaasi.
d) Tõsta peale karamellkastet või vahtrasiirupit.
e) Lisage kaunistuseks murendatud biskviit, paar viilu banaani ja näpuotsaga kaneeli.

99.Banoffee kuum šokolaad

KOOSTISOSAD:
- 1 tass kuuma šokolaadi (valmistatud piimaga)
- 1 küps banaan, purustatud
- 2 spl iirisekastet
- Katteks vahukoor
- Kaunistuseks kaneel

JUHISED:
a) Valmistage piimast kuum šokolaad.
b) Segage püreestatud banaani- ja iirisekaste, kuni need on hästi segunenud.
c) Kõige peale raputa vahukoor ja puista kaneeli.

100. Banoffee Colada

KOOSTISOSAD:
- 1 küps banaan, kooritud ja viilutatud
- 1 tass ananassi tükid (värsked või konserveeritud)
- 2 untsi (60 ml) kookoskoort
- 1 unts (30 ml) dulce de leche või karamellkastet
- 2 untsi (60 ml) banaanilikööri
- 1½ untsi (45 ml) tumedat rummi
- 1 tass jääkuubikuid
- Vahukoor (kaunistuseks)
- Banaaniviilud ja ananassiviilud (kaunistuseks)

JUHISED:

a) Sega segistis küps banaan, ananassitükid, kookoskreem, dulce de leche, banaanilikööri, tume rumm ja jääkuubikud.

b) Blenderda ühtlaseks ja kreemjaks.

c) Maitse ja vajadusel reguleeri magusust, lisades veel dulce de leche või banaanilikööri.

d) Vala segu serveerimisklaasidesse.

e) Kaunista vahukooretükiga.

f) Kõige peale tõsta banaaniviilud ja ananassiviilud.

g) Valikuline: nirista vahukoorele täiendavalt dulce de leche või karamellkastet, et saada magusust.

h) Sisestage kõrs ja nautige seda troopilist ja mõnusat Banoffee Colada't!

KOKKUVÕTE

"Täieliku iirise kokaraamatuga" hüvasti jättes teeme seda südamega, täis tänulikkust kogetud maitsete, loodud mälestuste ja teel jagatud magusa naudingu eest. 100 ahvatleva võise õndsuse maiuse kaudu oleme uurinud iirise lõputuid võimalusi ja tähistanud omatehtud maiuspalade nautimise lihtsaid naudinguid.

Kuid meie teekond ei lõpe siin. Kui me naaseme oma kööki, olles varustatud uue inspiratsiooni ja iirise tunnustusega, jätkakem katsetamist, uuendusi ja loomist selle veetleva maiustusega. Ükskõik, kas teeme iirist endale või jagame seda teistega, olgu selle kokaraamatu retseptid rõõmu ja lohutuse allikaks aastateks.

Igat maitsvat suutäit maitstes meenutagem köögi soojust, lähedaste naeru ja lihtsaid rõõme magusa maiuse nautimisest. Aitäh, et liitusite meiega sellel maitsval teekonnal. Olgu teie köök täidetud karamelliseeritud suhkru aroomiga, teie sahver on täidetud võise headusega ja teie süda on täis õnne, mis tuleneb lihtsate elurõõmude nautimisest.

www.ingramcontent.com/pod-product-compliance
Lightning Source LLC
Chambersburg PA
CBHW071124130526
44590CB00056B/1130